국민을 위한
국민연금은 없다

국민을 위한 국민연금은 없다

국민이 알면 정부가 싫어할
당신의 국민연금 이야기

유원중 · 원종현 · 김우창 지음

더숲

세계에서 가장 고된 삶을 살아내고도
충분한 대접을 받지 못하고 있는
우리 인생 선배인 은퇴자를 위한 책입니다.

살기 바빠 연금에 크게 신경 쓰지는 못했지만
열심히 번 돈으로 부모님께 생활비를 드리고,
자식들에게 노후를 의탁하지 않겠다고 결심한
베이비 붐 세대를 위한 책입니다.

열심히 공부하고도 사회생활에서
그만한 대우를 받지 못하고 있는,
지금도 삶이 팍팍한데 연금을 내봐야 나에게 도움이 될지
불안해하는 청년세대를 위한 책입니다.

이 땅에 살고 있는 모든 세대에게
함께 더 나은 삶을 설계해 보자는
필자 세 명의 의지를
한 권의 책으로 전합니다.

차례

저자의 말 _ 김우창, 원종현, 유원중   010

01 ·············
흔들리는 국민연금, 한국인의 노후가 불안하다

세계 10위 부자 나라에 가장 가난한 노인들이 산다   019

국민연금 우려의 시작, 연기금 고갈론   028

20대 청년이 묻는다. "우리 연금 받을 수 있나요?"   033

공적연금을 망치는 건 전쟁이 아닌 불신이다   037

02 ·············
국민연금을 망치는 것들

국민연금이 죽어야 우리가 산다   045

'NO 답' 퇴직연금과 개인연금   051

50대 주부가 연금에게, "국민연금 있으면 기초연금 못 받아요?"   057

590만 원 월급쟁이가 봉? 엉터리 소득재분배 'A값'의 함정   065

03

공적연금 부실을 방치하는 국가

국민연금 '불신', 제때 개혁 못한 정부 책임이 99%   079

기금을 쌈짓돈처럼 쓰면서 재정 투입은 안 돼?   085

주인 없는 국민연금개혁 : 공무원과 교수의 한계   093

25년째 9%… 보험료 못 올리는 불편한 진실   102

천만 명 넘는 연금 사각지대, 국가의 존재와 헌법 가치   106

04

연금은 세상을 바꾼다

동방예의지국은 옛말, 프랑스가 서방예의지국   113

유럽 공적연금과 국민연금 '클라쓰'가 다르다   119

민영화 · 적립식으로 바꿨다가 폭망한 칠레   122

우크라이나-러시아 전쟁 뒤에도 연금 문제 있다   128

연금계의 아이돌, 캐나다 연금의 교훈   135

05

젊은 그대, 너무 걱정하지 말아요

세 바퀴 가진 국민연금, 세계에서 가장 튼튼한 공적연금　　145

연기금 1,000조 원의 힘…그러나 선장 없는 항공모함?　　149

기금이 사라진다고 연금도 사라질까?　　156

베이비부머가 청년에게, "우리가 먹튀라고? 이중부담 세대!"　　161

'안전빵 투자'의 빛과 그림자…기금운용 어떡해!　　165

06

그래도, 국민을 위한 국민연금은 있다 : 연금개혁3115

두 바퀴만으로 싸우는 '재정안정론 vs. 소득보장론'　　185

연금개혁3115 Part 1 : '공평하게' 100년 가는 연금재정　　194

연금개혁3115 Part 2 : 사각지대 해소와 실질소득을 높이는 구조개혁　　200

연금개혁3115 Part 3 : 기금운용 이렇게! 더 쉽고 강한 세대 간 연대　　207

정부재정 투입, 안 하는 게 이상한 일　　220

07

연금개혁 성패가 만들 두 가지 미래

지금이 미래를 바꿀 수 있는 마지막 골든타임   229

연금개혁 실패 : 네 이웃을 경계하라   233

연금개혁 성공 : 잘 되는 집안이란 이런 것   237

100년 앞을 내다본다고? 천리 길도 한 걸음부터   240

맺음말 "연금이 망하고 나라가 흥할 방법은 없다"   247

저자의 말
김우창

카이스트 교수

언젠가부터 국민연금과 관련한 다양한 사회적인 논의의 장에 불려 나가기 시작했다. 5개 위원회에 참여했는데, 임기가 대부분 1~2년이 었으니 본의 아니게 지난 6~7년 정도 국민연금 논의에 어떤 식으로 든 계속 참여해온 셈이다.

학자로서 내게 국민연금은 주된 관심사도 아니었고, 공학자로서의 경력에 딱히 도움되지 않는 학문적 외도였다. 이제까지 논문을 70편 정도 썼는데, 국민연금과 관련된 건 4편뿐이다. 그 4편도 진지하게 연 구를 한 결과라기보다는 위원회 활동 과정에서 생긴 지적 호기심을 논문 형태로 풀어낸 것에 가깝다. 심지어 나는 사학연금 가입자다.

그 과정에서 원 박사님과 유 기자님을 만났다. 공통점이라곤 찾아보 기 힘든 세 명의 중년 남성이 국민연금을 소재로 친해지기 시작했고, 의기투합하여 책까지 같이 쓰게 된 건 어떻게 생각해 봐도 신기한 일 이다. 사실 같이 책을 써보자는 얘기를 처음 한 건 4년 정도 전의 일이 다. 그러나 그때는 각자의 삶이 바빴고, 책도 그리 절실하지 않았다.

몇 달 전 어머니가 돌아가셨다. 마지막 인사도 없이. 너무나도 갑작스럽게. 어머니는 생전 내가 국민연금과 관련된 일을 하는 것을 참 좋아하셨다. 덕분에 내가 TV나 신문에 자주 나오게 되었으니까. 세상의 모든 어머니가 그렇듯 우리 어머니도 내 얼굴이 매스컴에 비춰지는 것을 그리 좋아하셨다.

어머니를 떠나보내고 나서 현실로 돌아와 처음 했던 외부활동이 국회 연금개혁특별위원회(이하 연금특위) 회의였다. 회의장에 앉아 있는데 문득 어머니가 살아계실 때 하셨던 말씀이 떠올랐다. 국민연금이 참 고맙다고. 낼 때는 정말 이걸 왜 내는 건지 몰랐는데, 지금 큰돈은 아니지만 매달 따박따박 받으니 얼마나 좋냐고. 덕분에 자식들에게 손 벌리지 않고도 손주들에게 용돈 줄 수 있어 너무 좋다고.

그때까지 내게 국민연금 관련 활동은 사회기여이자 봉사였다. 중요한 일이고 누군가는 해야 하는데, 마침 내게 맡겨졌고 내가 할 수 있으니 하는 거였다. 그런데 갑자기 마음의 빚이 생겨 버렸다. 국민연금이 우리 어머니를 보살펴 주었으니 아들인 내가 응당 그 고마움을 갚고 싶어졌다. 예전과는 달리 국회 연금특위에 보다 진심으로 참여했던 것도, 4년간이나 진전이 없었던 이 책이 금방 완성된 것도 그 때문이다. 아무것도 아니었던 국민연금이 이젠 우리 부모님과 나, 나와 내 아이를 이어주는 끈이 되어 버렸다.

이 글을 한국전쟁이 한창이던 시절 어느 바닷가 마을에서 태어나 평생을 자식만을 위해 살다 가신 우리 엄마, 이상애 여사께 바친다.

저자의 말
원종현

국민연금 투자정책전문위원회 위원장

국민연금은 제도다. 국가 사회보장체계의 핵심을 이루는 제도다. 그럼에도 국민연금이라고 하면 수백조 원의 돈이 쌓인 기금을 먼저 떠올리는 사람들이 많다. 그리고 국민연금에 납부하는 돈은 모두 자신의 미래를 위해 적금처럼 적립하는 돈이며, 나중에 이 돈이 고갈되는 것은 이해할 수 없는 일로 생각하기도 한다. 아니면 나중에 이 돈이 고갈되어 자기가 받을 돈이 사라지는 것이라고 생각하기도 한다.

그러나 다시 말하지만, 국민연금제도는 노후소득이 없어지게 되어 빈곤에 빠지는 것을 국가가 방어해 주는 사회보험이며, 국가 사회보장 시스템이다. 과장하면 국가의 존재 이유이기도 하다.

그런데 왜 국민연금제도가 불신의 대상이 되고 있을까? 우선 그동안 국민연금제도를 항구적으로 지속할 수 있도록 노력하는 과정에서 기금이라는 존재에 너무 많은 관심을 기울이게 한 정부에게 우선 책임이 있다. 세계에서 세 번째로 많은 1,000조 원의 적립금을 가지고 있음에도, 압도적으로 높은 노인자살률을 보이며 빈곤이 우리의 미래가 되지 않을까 두려워하는 것이 지금의 한국 사회다.

땀 흘리며 열심히 일했던 사람도 은퇴 후의 빈곤을 걱정해야 하고, 이를 피하기 위해 부동산이나 주식, 하다못해 가상자산 등에 기웃거리며 재테크를 필수처럼 해야 하며, 그로 인해 생긴 거품경제 때문에 또다시 불안해 한다. 연금은 국가가 보장하는 국민과의 약속이라고 목소리를 높이면서도 나 역시 명예롭고 행복한 은퇴를 기대하는 것이 가능한지에 대해 계속 반문하게 한다.

국민연금제도의 원래 의미는 기금을 쌓아서 세계에 자랑하자는 것이 아니다. 기금은 제도 운영과정에서 '의도하지 않게' 적립된 것이다. 물론 그 기금이 산업화 발전 과정에 자본을 제공하며 큰 역할을 한 것은 맞다. 그러나 국민연금제도의 목적은 그게 아니다.

많은 사람들이 이 책을 통해 국민연금의 본래 목적과 운영과정을 인식하고 더 이상 기금 고갈론에 흔들리지 않기를 바라며, 국가 사회복지시스템을 유지할 의무와 책임이 정부에게 있음을 추궁하는 계기가 되었으면 한다. 열심히 일하고 있는 우리, 은퇴 후 충분히 행복할 권리가 있다.

국민연금과 관련한 일을 하고 있다고 하면 여전히 많은 사람들이 (심지어 친한 친구들까지도) 나중에 자신의 연금을 받을 수 있느냐는 질문을 먼저 한다. 솔직히 일일이 설명하기도 쉽지 않고 추천할 만한 참고자료가 없거나, 있어도 너무 어렵다. 그래서 이렇게 모여 책을 쓰기로 했다. 부디 이 책이 조금이나마 그 간단한 질문, "나중에 나 연금 받을 수 있어?"에 대한 답이 될 수 있기를 바란다.

저자의 말
유원중

KBS 기자

50대가 되면 은퇴 후에 대한 막연한 불안감과 함께 연금이라는 게 얼마나 중요한지 절실하게 다가온다. 앞서 퇴직한 어느 선배님을 만났더니 더도 말고 덜도 말고 한 달에 250만 원은 있어야 경조비도 내고 친구들도 만나면서 사람처럼 살 수 있다며, 국민연금만으로 부족한 부분은 꼭 대안을 마련해 퇴직하라고 신신당부한다.

그러고 보니 그래도 꽤 좋다는 직장을 30년 다니고 퇴직하는데 국민연금으로는 왜 적당한 노후소득 보장이 안 되지? 라는 의문이 생긴다. 개인연금은 수익률을 따져 보면 영 손해 보는 느낌이고, 소득공제 혜택 있다고 가입한 퇴직연금은 아직도 마이너스 수익률이다. 일하기도 벅찬데 노후소득을 직접 만드는 일이란 참 피곤한 일이다.

분명 입사 초기에는 월급통장에서 건강보험보다 국민연금이 더 많이 빠져 나갔는데 언제부턴가 건강보험료가 더 커졌다. 의료인과 병원, 약국, 제약회사들이 열심히 건강보험의 필요성을 높인 결과일 것이다. 그런데 국민연금은 늘 똑같다. 국민연금으로 혜택을 보는 사람은 국민인데 이 제도를 진심으로 신경 쓰는 사람이 별로 없었던 거다. 오히려 국민연금이 불안하면 금융·보험회사들은 장사가 잘 돼서 좋다. 보험료가 25년째 9%로 묶여 있으니 기업들도 부담이 커지지 않아서 좋다. 제도를 책임지는 정부관료들은 국민연금과 상관없는 공무원연금 가입자여서 좋다. 결국 진정으로 국민연금을 돌보는 집단이 없다.

국가 복지시스템의 가장 핵심인 국민연금은 아무도 돌보지 않는 천덕꾸러기 제도가 되어가고 있다. 국민연금의 유일한 수혜자인 국민들이 별로 신뢰하지 않는 게 가장 큰 문제다. 초고령사회가 다가오고 있는데, 연금제가 흔들리면 어떤 세상이 펼쳐질지 생각만 해도 오싹하다.

한국 사람은 두세 다리만 건너면 다 아는 사이라는 데, 우리 저자 3인은 정말 아무런 연결고리가 없다. 그러나 이제는 술친구가 됐고 함께 책을 쓰기에 이르렀다. 아무런 이해관계 없이 술자리에서 함께 입에 거품 물며 대화할 공통 소재가 있었기 때문이다. 바로 국민연금이다.

국민연금은 문제가 분명히 보이고, 해결책도 있어 보이는데 왜 이렇게 해결이 안 되는 거지? 그렇게 많은 위원회가 있는데 그게 그렇게 어려운 일인가? 우리는 그런 호기심으로 국민연금이란 늪에 빠졌고, 이제는 의협심 같은 게 생겨 국민연금 한번 살려 보자며 힘을 합쳤다. 국민연금은 그렇게 내 직업적 초심을 다시 일깨웠다. 결국 국민연금을 바로 세울 수 있는 사람은 국민뿐이다. 좀 피곤한 일이지만 국민이 문제점을 알고 정부와 국회에 시정을 요구해야 문제가 풀릴 수 있다. 국민연금과 관련한 오랜 고민의 핵심은 이렇다. '아니, 이렇게 중요한 제도를 왜 아무도 '진심으로' 신경 쓰지 않는 거야?'

01

흔들리는 국민연금,
한국인의 노후가 불안하다

국민연금! 대한민국의 대표적인 공적연금제도의 이름이다. 나라마다 약간의 제도적 차이가 있지만, 공적연금은 현재 돈을 벌고 있는 세대(경제활동인구)가 은퇴한 앞세대(노인인구)를 부양하는 제도이다.

제도 자체는 매우 복잡해 보이지만, 핵심은 할아버지는 아버지가, 아버지는 아들이, 아들은 그의 아들이 모시는 제도다. 가족 내 노인부양의 원리를 사회적으로 넓힌 것이다. 가정은 자식이 있을 수도 있고, 없을 수도 있다. 가족 중에 누군가 일찍 사망할수도 있고 사고를 당할 수도 있다. 이 때문에 개인이 노후를 준비하는 건 어렵고 예측이 불가능하다. 그러나 노후에 대한 문제를 전체 사회구성원이 함께 준비를 한다면 훨씬 능률적일 수 있다. 이것이 사회보험제도이고 연금제를 시행하는 이유다.

그런데 문제가 생겼다. 저출생 고령화! 돈을 받아야 할 노인인구는 예상보다 빨리 늘어나고 있는데, 돈을 낼 경제활동인구는 반대로 너무 빨리 줄어드니 슬슬 걱정이 된다. 노인들은 약속한 연금을 못 받을까 봐, 젊은이들은 보험료가 너무 커질까 봐 염려한다. 열심히 보험료를 냈는데 나중에 못 받으면 어떻게 하지? 연금제도에 대한신뢰에 위기가 발생하면 보험이라는 판이 깨질 수도 있다. 판이 깨지지 않도록 공정한 룰을 만들고 재정을 안정되게 끌고 갈 책임은 국가에게 있다.

그런데 한국 국민들이 이 국민연금제도를 못 믿겠다고 한다. 연금제도에 위기의 경고등이 들어온 건데 국가는 적절한 대책을 만들지 못하고 있다. 국민연금의 추락은 나의 미래와 직결되어 있다. 퇴직하고도 평균 30년을 더 살아야 하는 고령화시대, 내 노후가 불안하다.

세계 10위 부자 나라에
가장 가난한 노인들이 산다

단군 이래 한민족이 이렇게 잘 나간 적이 있던가. 전 세계가 삼성과 LG · 현대차가 만든 공산품을 사용하고, 한국어로 만든 영화와 드라마 · 노래가 전 세계인의 사랑을 받는다. 한국의 경제규모가 전 세계 10위에 오르기도 했다.

이제 세계가 인정하는 부자 나라 한국. 그러나 이 부자 나라의 노인 자살률이 세계 1위이다. 2019년 기준 노인 10만 명당 46.6명이 자살하는 것으로 조사되었다. 일본 노인보다 2.6배 높다. 경제협력개발기구(OECD)에서는 65세 이상 노인의 빈곤율을 조사하는데 역시 한국이 OECD 국가 가운데 가장 높았다. OECD 평균치의 3배 정도인 무려 40.4%. 노인빈곤율이 높다는 미국(22.8%)이나 일본(20.0%)의 두 배 수준이며, 11.0%인 독일 노인의 4배, 4.4%인 프랑스에 비해 10배

그림1 _ 한국 노인빈곤율 OECD 최하위권

40.4
대민한국

22.8
미국

18.8
스위스

13.1
영국

12.1
캐나다

11.3
스페인

11.1
스웨덴

9.3
그리스

8.6
벨기에

6.5
네덜란드

4.4
프랑스

주요국 노인빈곤율

노인(65세 이상)빈곤율
단위: %

출처 _ OECD 연금보고서 2023

가까이 높은 수치이다. 세계의 전문가들은 한국처럼 잘사는 나라에서 노인들이 왜 이렇게 가난한지 묻고 있다.

한국인 10~50대 빈곤율은 15.3%로 OECD 평균(11.4%)과 비슷한 수준이다. 그런데 65세 이상 노인세대만 가난하다. 한국의 노인자살률이 높은 이유는 가난 때문일 가능성이 매우 크다. 일반 국민은 부자인데 유독 노인들만 비참하게 사는 이유는 무엇일까? 여기에 바로 연금제도의 중요성이 있다.

36년 전 비정한 결정이 불러온 비참함

전 국민 연금시대를 연 1988년. 한국은 올림픽 개최를 전후로 경제성장에 대한 자신감도 생겼고, 국가도 개인도 본격적으로 부를 쌓기 시작했던 시기였다. 당시로서는 매우 생소했지만, 젊어서 보험료를 내면 나라에서 죽을 때까지 월급을 준다는 연금제도가 도입됐다. 당시 정부는 '연금은 국가의 약속'이라고 광고하고 국가의 책임을 강조했다. 월급에서 일정 부분을 강제로 떼어가는 게 마뜩지는 않았지만 그렇게 대한민국은 복지국가로서의 첫발을 뗐다.

그러나 이때 우리는 비정한 결정을 했다. 국민연금에 전혀 기여를 하지 않은(보험료를 내지 않은) 사람에게는 연금 혜택을 주지 않기로 한 것이다. 60세가 되면 환갑 잔치를 하던 시절, 노인 봉양은 자식들이 하는 것이라는 게 사회적 상식이긴 했다. 그 결과 조국의 독립과 끔찍한 전쟁을 겪어내고 산업화의 초석을 쌓은 세대들은 연금제도에서 소외된 채 노후를 맞게 되었다. 국민들에게 거둔 보험료를 우선 대기업 지원 등 경제개발 밑천으로 쓰려고 했다는 시각도 있다. 제도를 도입한 의도가 아주 순수하지만은 않았다는 얘기다.

한국에서 연금이 마치 적금을 붓는 것처럼, '보험료를 내면 나라(국민연금공단)에서 이자를 쳐서 나중에 돌려 주는 것'이라는 '적립식 연금'으로 인식되는 것도 이 때문인 것 같다. 당시 65세 이상 노인인구 비율이 불과 5%가 안 됐는데, 그냥 눈 딱 감고 연금을 주었다면 어땠을까. 지금의 기초연금처럼.

３저 호황 등 모두가 부자가 될 것만 같았던 90년대를 거침없이 달리던 한국경제는 1997년 IMF 외환위기 사태를 겪는다. 이후 한국은 사회·경제적으로 완전히 새로운 국면을 맞는다. 같은 노동자인데 정규직과 비정규직이라는 것이 생겼고, 부자는 갑부가 되고 빈자는 길거리로 내몰리는 빈부격차의 시대가 시작된 것이다. 기대수명은 비약적으로 늘어나고 있는데 자식이 부모를 모시는 문화는 점점 약화되었다. 자기 먹고 살기도 힘든 자식들은 부모를 돌보는 데 소홀했고, 이런 노인들이 대거 빈곤층으로 전락했다.

　몇천 원의 용돈을 손에 쥐기 위해 하루 종일 골목길을 헤매고 다니는 이른바 '폐지 줍는 노인'들이 2천 년대 들어 대거 나타났다. 국가경제는 전 세계 10위 권으로 올라 선진국이 되었지만 연금 없이 은퇴를 한 사람들은 세계에서 가장 가난한 노인이 되어버린 것이다.

연금제도의 종류

적립식 자신들이 납부한 금액을 적립·운용하여 나중에 이 쌓인 돈에서 각각의 납부에 비례하여 돈을 지급하는 것이다. 쉽게 말하면 적금이나 개인연금 등과 같이 자신이 납부한 돈에 꼬리표가 붙는 것이다. 쿠웨이트 같은 나라가 적립식 연금제를 쓰는데 이는 석유 판매 이익을 연금화한 것이다. 한때 칠레가 공적연금을 민영화해 적립식 연금으로 변신했으나 이후 심각한 부작용이 발생해 공적연금으로 일부 복원하고 있는 상황이다.

부과식 지금의 내가 돈을 지급하면 지금의 다른 수령자가 그 돈을 받아가는 것을 의미한다. 일종의 세대 간 부양으로, 현재의 가입자가 납부한 돈이 즉각적으로 현재의 노인들에게 '전달'되는 것이다. 기금의 적립이 거의 없다. 독일과 프랑스, 영국 등 대부분의 유럽국가들이 이런 방식을 사용한다.

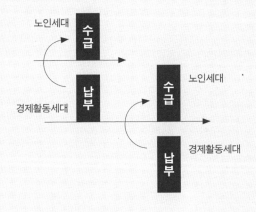

부분적립식 보험료 징수를 통해 적립 기금으로 운용하여 그 원리금을 장래 급여지급 재원의 '일부'로 활용하는 방식이다. 우리나라처럼 제도 초기에 연금 보험료를 납부하는 사람들만 있고 받아갈 수 있는 수급자가 없어서 불가피하게 보험료가 적립된 경우가 있고, 일본과 캐나다처럼 미래에 대규모 연금 지출이 예상되어 이를 사전에 대비하기 위해 기금을 적립하는 경우가 있다. 적립 수준을 올린 것이다. 한국, 일본, 캐나다 등이 이런 방식을 사용한다.

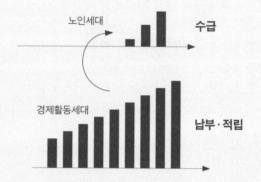

국민연금이 성숙되면 노인빈곤율이 떨어질까

비관적이다. 보건복지부는 한국의 노인빈곤율이 높은 이유는 '국민연금제도가 충분히 성숙하지 않았기 때문'이라고 말한다. 이를 '교양 없게' 얘기하면 국민연금을 받지 못하는 노인들이 아직 많아서 빈곤율이 높다는 말이고, 세월이 지나 이분들이 돌아가시고 연금을 받는 노인들이 많아지면 노인빈곤율이 떨어질 것이라는 뜻이다.

현재 한국의 65세 이상 노인들 가운데 국민연금에 아예 가입되지 않은 노인들이 너무 많다. 연금을 받는 노인들도 일부 있지만 가입기간이 짧아 최저생계비에도 못 미치는 연금액을 받는 경우가 허다하다. 반면 60년 전후에 태어나 1988년 국민연금이 시작된 때 맞춰 직장생활을 시작하고 연금보험료를 낸 사람들 중에는 한 달에 100만 원 이상의 연금을 수령하는 사람들이 나타나기 시작했다. 하지만 이런 사람은 2022년 기준 전체의 10%가 안 된다.

국민연금 가입자의 은퇴 후 평균수령액은 61만 원(2023년)에 불과하다. 생애 평균급여의 약 1/4 수준이다. 이 수령액은 시간이 갈수록 약간 높아지겠지만 그렇다고 노인빈곤율이 확실하게 떨어지지는 않을 것이라는 전망이 나온다.

노인빈곤율이 크게 떨어지지 않을 것이라고 생각하는 첫 번째 이유는 국민연금의 소득대체율이 너무 낮다는 점이다. 국민연금은 40년 동안 가입했을 때 생애평균소득의 40%를 받도록 설계되어 있다. 이를 명목 소득대체율이라고 한다. 그러나 젊은층의 사회진출은 늦어지고 기업의 구조조정으로 은퇴연령이 빨라지다 보니, 40년 동안 연금보험료를 낼 사람이 많지 않다.

현재 한국 국민연금 가입자들의 평균근속연도는 25년 정도로 실제 연금을 받는 소득은 일한 기간 동안 받은 평균급여(생애평균소득)의 약 25% 정도다. 이를 실질 소득대체율이라고 한다. 실질 소득대체율은 가입기간과 비례한다고 보면 되는데, 따라서 노동시장이 취약한 한국은 국민연금제도가 성숙하더라도 소득대체율 30%를 넘기기는 힘들 것이란 분석이 나왔다. 40년은커녕 30년 동안 연금보험료를 꾸준히 낼 만한 사람이 많지 않기 때문이다. 국가가 나서서 20대 젊은 이들에게 적극적으로 연금가입을 독려하고 연금보험료를 지원하지 않는다면 미래세대의 연금액이 더 쪼그라들 수도 있다. 현재 OECD

그림2 _ 국가별 공적연금소득대체율(실질) / 단위 : %

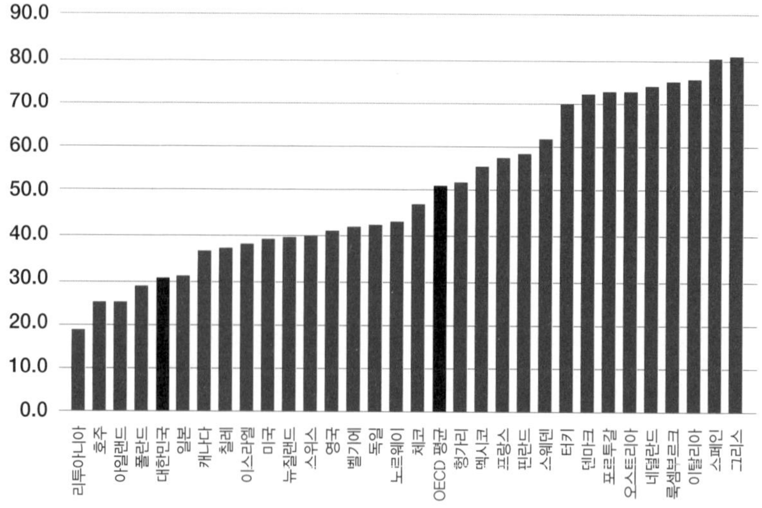

출처 _ OECD 연금보고서 2023

국가들의 소득대체율 평균이 약 50%, 국제노동기구인 ILO가 권장하고 있는 공적연금 소득대체율은 60%다. 우리에겐 먼나라 얘기다. OECD 기준 우리 국민연금의 소득대체율은 31.2%에 불과하다.

노후빈곤율이 크게 떨어지지 않을 것이라는 두 번째 이유는 정규직 일자리가 줄어들고 있기 때문이다. 말이 전 국민연금이지, 국민연금에는 사각지대가 너무 넓다. 사각지대란 국민연금 가입기간이 너무 짧거나 아예 가입을 하지 않아 연금 수급자격을 얻지 못한 사람들이다. 우리 사회의 빈부격차 문제가 은퇴 이후 연금생활자 사회로 그대로 이어질 게 거의 확실하다.

국민연금공단 조사 결과, 2020년 국민연금 사각지대에 놓여 있는 사람들이 모두 1,263만 명에 달했다. 전체 국민연금 가입대상자(3,500만 명 기준)의 약 40%가 사각지대라는 의미인데, 이는 매우 심각한 수치나. 실업자·비정규직·특수고용 형태 노동자가 너무 많다는 뜻인데, 정부가 이들을 적극적으로 연금제에 편입될 수 있도록 지원하지 않는 한, 한국의 노인빈곤 문제는 앞으로도 해결되기 힘들 것이다.

지금의 노후빈곤 문제가 노인인구 중 연금제도가 마련되기 이전 사람들이 많았기 때문이라면, 앞으로의 노후빈곤 문제는 사각지대에서 일하는 사람들이 최소한의 연금도 확보하지 못한 채 은퇴함으로써 발생하게 될 가능성이 크다.

국민연금 우려의 시작, 연기금 고갈론

국가가 망할 확률이 높을까, 회사가 망할 확률이 높을까? 바보 같은 질문이 아닐 수 없다. 채권시장에서 국채 이자율이 회사채 이자율보다 낮은 게 상식인 것과 마찬가지이다. 그러나 주변에는 여전히 "국민연금 나중에 못 돌려 받는대"라고 말하는 사람을 심심치 않게 본다. '나중'이 언제인지도 불명확하다. 지금 50세인 사람이 은퇴를 해도 못 받는다는 건지, 30세 직장인이 은퇴할 때쯤 국민연금이 파산을 해 못 받게 된다는 뜻인지, 지금 갓난아이가 은퇴를 할 때쯤 못 받는다는 것인지 그냥 "국민연금은 나중에 못 받는대!"가 전부다. 자영업을 하며 나쁘지 않은 소득을 올리는 어떤 친구는 국민연금 보험료를 몇 년 동안 안 내고 있다고 말한다. 낮은 수준의 보험료를 내면 가장 좋은 수익비로 연금을 받는데도 일단 내기 싫다는 거다. 돈이 아까운 건지, 정말 나중에 못 돌려 받을까 봐 그런 건지 도무지 알 수가 없다.

그런데 안타까운 건 이런 말을 하는 사람들이 연금보험료보다 훨씬 많은 돈을 내는 은행이나 보험회사의 연금성 상품에 가입하고 있다는 사실이다. 군이 수익률을 따지자면 훨씬 좋은 국민연금을 마다하고 수익률이 낮은 개인연금을 갖고 있는 건데, 그렇다면 금융회사보다 국가가 망할 확률이 더 높다고 생각하는 것일까?

지금 국민들이 합리적 판단을 하지 못하고 있다고 생각한다. 왜일까? 백문이 불여일견이라고, 아무리 국민연금의 원리와 장점을 설명해도 소용없다. 연기금이 0으로 떨어지는 〈그림3〉 그래프 하나가 주는 상징성이 매우 큰 것 같다. 공적연금의 '세대 간 부양' 원리니 '부과

그림3 _ 국민연금 기금적립금 추이

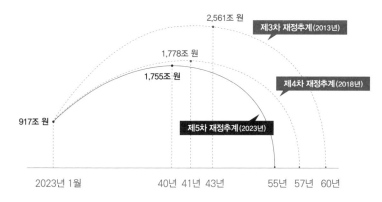

식 연금제'의 특징이니 하는 말은 머리에 안 들어오지만, 연기금이 고
갈되면 그 이후에는 연금을 못 받는다는 인식은 아무리 불식을 시키
려 해도 잘 되지 않는다.

　앞서 말했듯이 국민연금제도 초기 정부의 광고를 보면 '국민연금은
은퇴 후를 대비한 국가의 약속'이라고 했다. 그 전에는 없던 연금제를
실시하면서 강제로 월급에서 일정 부분을 보험료로 떼어가는 게 국민
들은 탐탁지 않았다. 초창기에 정부는 연금제를 안착시키기 위해 매
우 조심스럽게 접근했다. 초기 국민연금은 보험료 3%를 내고 은퇴 후
70%의 급여를 약속했을 정도다. 좋은 조건을 제시해 가입자를 늘리
는 전략이기도 했다.

　2003년 노무현 정부가 출범한 이후 국민연금에 대한 첫 번째 재
정추계가 실시되었다. 그 결과 국민연금 기금이 2047년에 소진된다
는 결론이 나왔다. 정치적으로 상당한 논란이 있었음에도 불구하고

2007년 유시민 보건복지부 장관은 60%를 약속했던 국민연금의 소득대체율을 40%로 대폭 낮췄다. 1998년 기존 70%였던 소득대체율을 60%로 낮춘 데 이어 두 번째로 소득대체율, 즉 연금액이 깎인 것이다. 국가의 약속이 10년도 안 돼 또 바뀐 것이다. 그 과정에서 정부는 국민들에게 국민연금이 실상은 기금이 고갈되면 못 받을 수도 있는 제도라는 부정적 인식을 주었다.

국민연금은 법적으로 5년에 한 번씩 재정추계를 실시한다. 소득대체율을 60%에서 40%로 대폭 삭감한 이후 기금 고갈시점은 2060년으로 늘어났다. 하지만 9%라는 보험료로는 결국 연기금 고갈을 피할 수 없다는 결론이 나왔고, 이어진 2018년 4차 재정추계에선 2057년으로, 2023년 5차에선 다시 2055년으로 기금 고갈시점이 앞당겨졌다. 고령화 저출생 때문이었다(〈그림3〉 참조).

세계에서 가장 빠른 속도로 인구구조가 고령화 되어가고 있는 한국의 현실에서 연기금 고갈의 공포는 점점 더 심화되었고, 연금을 못 받게 된다는 불안감이 사라지기는커녕 점점 더 현실적으로 다가온다. 이제 막 경제활동인구로 들어오고 있는 젊은 세대는 더욱더 불만이다. 갈수록 보험료 부담은 커질 텐데 결국 못 받게 될 연금에 왜 계속 돈을 내야 하는지 묻고 있다.

1988년 국민연금제도를 시작한 사람들은 — 물론 당시 정부가 결정한 것이지만 — 결과적으로 연금제도를 통해서 그 앞세대를 부양하지 않았다. 만약 미래세대가 자신들에게 불리한 연금제도를 계속 유지해 가기 싫다고 강하게 주장한다면, 국민연금제도는 파산하게 된다. 각자의 노후를 각자가 책임지는 각자도생의 사회가 펼쳐지게 되는 것이다. 수명 연장이 재앙이 되는 사회, 돈을 아무리 모아도 몇 년을 나눠 써야 할지 모르는 예측 불가능의 사회가 된다면 노후는 물론 한국사회 전체가 사실상 파산할지도 모른다.

연금으로 인한 세대 간 갈등과 반목

오늘날 연금개혁이 중요한 진짜 이유는 연기금 고갈 문제가 아니라고 믿고 싶다. 내가 보험료를 잘 내면 평생 안정된 노후소득을 얻을 수 있다는 믿음이 있다면, 연기금이 고갈돼 부과식으로 전환된다고 하더라도 연금제는 지켜질 수 있을 것이다. 그러나 사회 구성원 또는 세대 간 기여와 보상에 큰 차이가 있다면 이 제도는 지속가능하기 힘들 것이다. 특히 과거에 예상하지 못했던 인구 고령화 문제는 연금제를 흔들고 있다.

연금이 아무런 개혁 없이 이대로 가면, 멀지 않은 미래에 젊은 세대는 높은 연금보험료와 세금으로 허덕이고, 노인세대는 약속된 연금을 다 받지 못해 빈곤함으로 고통받게 될 것이 명확하다. 젊은 세대는 노인을 혐오하고 노인은 존재만으로 미움받게 될 수 있다는 뜻이다. 사회공동체는 무너지게 될 것이다.

코로나19가 기승을 부리던 시절 일본 트위터에 논란이 되었던 게시물이 있다. 적은 수의 젊은이가 많은 수의 노인을 부양하느라 힘들었는데 코로나로 노인들이 사망하자 기뻐한다는 그림으로, '좋아요'를 7만 개 이상 받았다. 미국에서도 코로나를 Boomer Remover라 부르는 유행어가 나오기도 했다. 베이비 붐 세대를 제거한다는 뜻으로 '노인 제거기'로 해석될 여지가 있다.

안타깝지만 우리의 현재이자 미래이기도 하다. 이들 나라보다 연금 구조가 더 불공평한 대한민국이 연금개혁을 신속하게 해야 하는 이유이다.

20대 청년이 묻는다.
"우리 연금 받을 수 있나요?"

국민연금은 국가가 강제적으로 가입시키는 사회보험제도이기 때문에 연기금이 고갈되어도 받을 수 있다고 말하지만, 현재 20대는 쉽게 수긍하지 않는다. 이미 연금급여가 70%에서 60%로 다시 40%로 두 차례에 걸쳐 삭감됐고, 26년 동안 동결된 보험료는 올릴 수밖에 없기 때문이다. 연금제가 존속된다고 한들 그때까지 낸 보험료만큼 노후소득을 보장받지 못할 것이라 추측은 얼마든지 가능하다.

국민연금 5차 재정추계 결과 연기금은 2055년에 고갈되는 것으로 나왔다. 2023년 기준으로 볼 때 32년이 남은 것이기 때문에 현재 20세인 국민연금 가입자는 연급을 받을 수 있는 65세가 되면 연기금은 이미 고갈되고 사라진다는 계산이다. 연금개혁 없이 기금이 고갈되어 부과식 연금제로 전환되면 그때 경제활동인구는 소득의 30% 가까이를 연금보험료로 내야 한다고 하니, 현재 20대가 불만인 것 너무 당연하다.

세계 모든 나라에서 연금개혁은 큰 사회적 진통을 수반했고, 정권이 흔들릴 정도로 여론이 요동치는 이슈이다. 각자 하는 일이 다른 사회 구성원의 이해를 조율하는 것도 힘든데, 연금개혁은 세대 간 형평성까지 고려해야 한다. 100세 노인과 0세 갓난아이의 이해관계까지 서로 뒤엉키는 문제이다.

급증하는 노인부양비, 보험료 인상만으로 해결될까

평행우주 어딘가에 또 다른 대한민국이 있다고 가정하자. 우리가 살고 있는 대한민국과는 모든 것이 완전히 동일하다. 국민연금 기금이 한푼도 없다는 점을 제외하고는. 과연 그곳의 은퇴자들은 약속된 연금을 제대로 받고 있을까?

이 질문의 답은 인구구조에 찾을 수 있다. 2023년 현재 노인부양비는 약 27%이다. 경제활동인구 4명당 노인이 1명 정도라는 의미다. 국민연금 보험료는 9%이니까 4명의 젊은 사람이 1명의 노인에게 연금 보험료를 몰아준다면 그 노인의 연금수급액은 9×4=36, 즉, 젊은이 평균소득의 36%가 된다.

표1 _ 노인부양비* 추이

단위: %

년도	2023	2025	2030	2040	2050	2060	2070	2080
노인부양비	27.1	30.9	40.2	62.0	81.8	94.2	104.4	110.3

출처 _ 2023년 9월 1일 국민연금 재정재계산 공청회 자료집

시간이 지나면 자연스레 생산성이 올라가며 소득수준은 향상된다. 따라서 현재 젊은 세대 평균소득의 36%는 국민연금이 이 노인에게 주기로 약속한 소득대체율 40% 기준 연금급여액보다 더 클 것이라 보는 게 타당하다.

---

* 노인부양비 : 생산연령인구 100명당 고령 인구의 비율

그럼 다음 〈표2〉를 보자. 이러한 여러 가지 요인을 반영하여 기금이 전혀 없다고 가정했을 때 약속된 연금급여를 지급하기 위해 젊은 세대가 내야 하는 보험요율을 계산한 것이 있다. 부과방식 비용률이라고 부른다. 2023년 시점 부과방식 비용율은 6%다.

표2 _ 부과방식 비용률 추이

단위: %

년도	2023	2025	2030	2040	2050	2060	2070	2080
부과방식 비용률	6.0	6.9	9.2	15.1	22.7	29.8	33.4	34.9

출처 _ 2023년 9월 1일 국민연금 재정재계산 공청회 자료집

국민연금 납입자 대비 수급자의 비율이 2023년 수준으로 계속 유지된다면 기금이 완전히 사라진다고 해도 국민연금은 지속될 수 있다. 현재보험료가 9%고 부과방식 비용률이 6%니까. 약속한 연금급여를 다 주고도 약 1/3이 남는다. 그러나 이런 계산식은 오래 가지 않는다.

국민연금은 18세부터 가입이 가능하다. 그러나 우리나라는 높은 대학진학률과 군 복무 등으로 다른 선진국에 비해 청년의 사회진출이 늦다. 의미 있는 경제활동은 통상 20대 중후반이 되어서야 시작된다. 제5차 재정추계에 따르면 연기금 고갈 시점은 2055년이다. 당장 획기적으로 출산율이 치솟는다고 하더라도 지금 태어난 아이들은 대략 2050년에야 노동시장에 들어와 국민연금 보험료를 납부하게 될 것이다. 2050년까지의 국민연금과 관련된 인구구조는 이미 확정된 거

나 마찬가지다.

2050년의 노인부양비는 약 80%이다(〈표1〉 참고). 젊은 사람 한 명이 노인 0.8명을 부양한다는 의미다. 결과적으로 현재 6%인 부과방식 비용률은 약 23%로 올라간다(〈표2 _ 부과방식 비용률〉 참고). 다시 강조하자면, 이 숫자는 현 시점에 확정된 것이나 다름없다.

안타깝지만 23%의 보험료는 제도상 지속불가능한 숫자다. 그것을 미래세대가 감당할 수 있는지 여부는 묻어 두더라도 말이다. 이를 좀 더 자세히 풀어 보자면 다음과 같디.

미래에 받을 연금급여 총액을 보험료 납입총액으로 나눈 것을 수익비라고 한다. 수익률이라고 이해해도 좋을 것인데, 쉽게 얘기하면 얼마를 내고 얼마를 가져가게 될 것이냐를 말한다. 국민연금의 수익비는 약 1.8, 이해하기 쉽게 2라고 생각하자. 수익비가 2라는 뜻은 젊은 시절 라면 1개 살 돈을 보험료로 내면, 은퇴 이후 해당 시점 가격으로 라면 2개를 살 수 있는 연금급여를 준다는 것이다. 따라서 보험료를 올리면 수익비는 감소한다.

만약 지금 논의되고 있는 대로 국민연금 보험료를 자기 소득의 9%에서 18%로 두 배 인상하고 소득대체율은 그대로 유지한다면 수익비는 2에서 1로 줄어든다. 젊어서 라면 1개를 보험료로 내고 나중에 라면 1개를 돌려 받는다는 건데, 이는 물가상승률보다 약간 높은 금리를 주는 은행 적금보다 연금의 이득이 크지 않다는 것이다.

보험료를 올리기가 쉽지 않다는 뜻이다. 국민연금에는 소득재분배 기능이 있어서 고소득자는 내는 돈에 비해 받는 연금이 적기 때문이다. 연금이 제 기능을 하려면 고소득자여도 최소 수익비가 1은 되어야 하는데 그러기 위해서는 보험료를 13%까지만 올릴 수 있다. 하지만 보험료를 13%로 올려도 연기금의 고갈은 몇 년 정도 지연될 뿐, 구조적인 문제는 전혀 해결되지 않는다. 연금제가 이대로 계속되면 2080년엔 부과방식 비용률이 35%까지 올라간다. 먼 미래에 고작 자기 생애평균소득의 40%를 받기 위해서, 건강보험이나 다른 세금을 제외하고 국민연금 보험료에만 현재 소득의 35%를 낸다는 건 불가능한 일이다.

1988년부터 지금까지 정부는 열심히 보험료를 내면 그보다 많은 돈을 국민들에게 돌려드려 평안한 노후를 보장하겠다고 약속해 왔다. 누군가 나서서 이 약속을 더는 지키기 어렵겠다고 선언하려면, 자기의 정치적 생명을 걸어야 한다. 2007년 이후 지금까지 한국사회가 연금개혁에 실패한 이유는 정치적 모험을 걸겠다는 정권이 없었기 때문이기도 하다.

공적연금을 망치는 건
전쟁이 아닌 불신이다

국민연금 논란의 중심에는 연기금 고갈론이 있다. 특히 젊은 세대 사이에서는 아예 연금을 받지 못하게 될 것이라는 비관론이 확산하고 있는데 정부가 만든 재정추계 결과, 전문가나 언론이 보여주는 여러 통계치는 이들이 느끼는 불안이 헛된 정보에서 기인한 것이 아니라는 점을 인정한다.

그러나 필자들은 현대사회에서 공적연금의 파산을 염려하는 것은 국가가 망할 것이란 우려를 하는 것이나 마찬가지라고 생각한다. 예측 불가능한 전쟁이나 국가적 대재난, 제2의 IMF 사태 등과 같은 국가경제가 파탄되는 상황이라면 모를까, 현재 예측하고 있는 기금의 고갈 문제나 저출산 문제 때문에 연금이 파산하지는 않을 것이라고 확신한다.

사실상 현대 연금제도의 문을 연 독일의 경우, 제1·2차 세계대전을 거치면서 천문학적인 물가 인상과 전쟁 자금 조달 때문에 그때까지 쌓아 놓았던 연기금 적립금이 완전히 사라지는 일을 겪었다. 독일 정부는 이때부터 경제활동인구로부터 보험료를 거둬 곧바로 은퇴자에게 지급하는 부과식 연금을 정착시켰다. 부족한 재원은 정부재정을 사용한다. 실제로 전쟁이 나서 국가경제가 붕괴됐지만 연금제는 끝내 지킨 셈이다.

그림4 _ 한국 출산율 변화

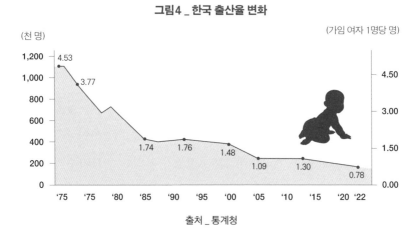

(천 명)   (가임 여자 1명당 명)

출처 _ 통계청

"둘만 낳아 잘 기르자"며 저출산 정책을 적극 시행하던 한국이 불과 30여 년 만에 세계에서 가장 낮은 출산률을 기록하게 될지 누가 알았을까. 연금제 시행 10년 후인 1997년에 IMF 외환위기를 맞을 것이란 사실도 전혀 예측하지 못했다. 은행 금리가 사실상 0% 수준으로 떨어지는 경험도 처음 겪는 현실이다.

이런 예측 불가능한 미래 때문에 연금개혁은 꾸준히 계속해야 하는 일이다. 지금은 보험료가 늘어나고 연금액은 깎는 개혁을 해야 하지만, 베이비 붐 세대*가 모두 세상을 떠나고 난 뒤에는 다시 피라미드 구조의 인구분포가 되돌아올 수도 있고, 아니면 서구 선진국들처럼 부과식 연금에 적합한 — 인구구조가 비슷하게 유지되는 — 사회가 될 수도 있다. 그 외에도 로봇이 인간의 부가가치를 높일 수도 있고, 핵 전쟁으로 다시 원시시대로 돌아갈 수도 있다. 앞날을 누구도 자신 있게 예측하지 못하기 때문에 역설적으로 연금제도의 필요성 또한 커지고 있다.

인생에서 노년의 삶이 길어지면서 개인이 스스로 노후를 준비하는 건 너무 힘든 일이 되었다. 보험이라는 게 그렇듯, 사망과 질병, 은퇴와 실업 등 개인에게 찾아올 수 있는 불행 속에서 나와 가족의 삶을 안정적으로 유지하기 위해 공적연금은 가장 검증된 보험제도이다. 대신 개인이 아니라 전체 구성원이 함께 참여해 그 안정성을 더 확보하고자 하는 것이다.

따라서 연금제도를 위협하는 가장 큰 적은 전쟁이나 연금고갈보다

---

* 한국의 베이비 붐 세대는 1차 1955~1964년, 2차 1965~1974년에 태어난 세대를 말한다.

가입자들의 신뢰이다. 공동체가 함께 참여하는 사회보험제도에서 특별히 유리한 사람과 불리한 사람이 있다면? 특정 세대는 혜택을 받고 어떤 세대는 보험료 폭탄을 맞는다면? 과연 그 제도가 유지될 수 있겠는가.

이런 관점에서 볼 때 현재 국민연금의 가장 큰 문제는 바로 이런 신뢰의 위기이고 이런 위기를 조율할 주체가 없다는 점이다. 법적 책임을 갖고 있는 정부를 필두로 국회와 연금전문가 어느 누구도 눈앞에 보이는 위기를 해결하지 못하고 있다는 게 지금의 현실이다. 결국 국민연금이 개혁해야 할 첫 번째 과제는 '개혁하지 못하는 체계'를 개혁해야 하는 게 아닐까 싶다.

연금제 개편의 목적은 신뢰가 무너지지 않도록 제도를 손보고 다듬는 일이다. 제도를 만들고 운영하는 정부의 역할이 매우 중요한 이유이다.

국민연금은 왜 강제로 걷어요?

가끔 언론보도를 보면, 국민연금제를 폐지하고 내가 낸 돈 돌려 달라는 식의 주장을 하는 사람들이 있다. 연금 안 받을 테니 원금만 돌려 달라면서 억울해 하는데 사회보험의 원리를 이해하면 불가능한 요구이다.

결론부터 말하자면 사회보험제도를 강제가입 방식으로 운영하는 이유는 납부가입자를 보호하기 위해서이다. 얼핏 모순처럼 들릴 수 있으나, 그것이 사회보험의 근본 취지다.

연금제도에서 강제가입의 필요성을 설명하는 데 우화 〈개미와 베짱이〉가 좋은 사례가 될 수 있다. 누구나 이야기를 알기에 개요는 생략하겠다. 단지 현실세계에서 연금이 없다면 손해 보는 것은 베짱이가 아니라 개미다.

우화에서 여름내 놀고먹던 베짱이에게 겨울이 되자 개미들이 따뜻한 밥을 나눠 준다. 이를 제도적으로 해석하면 여름 내내 열심히 일한 개미에게서 삥을 뜯어서라도 베짱이가 죽지 않도록 도와줄 수밖에 없다는 것이다. 그게 국가니까. 불공평함을 없애려면 베짱이에게도 여름 동안 저축을 시켜야 한다. 놀기만 좋아하는 베짱이니 강제적으로라도. 안 그러면 겨울에 개미들이 열심히 벌어 놓은 것을 빼앗아야 할 테니 말이다.

결국 강제성은 열심히 일하는 개미들이 손해 보지 않도록 하려는 것이 근본 취지이다.

02

국민연금을 망치는 것들

2007년 노무현 정부가 국민연금 소득대체율을 60%에서 40%로 줄였다. 쉽지 않은 일이었지만 인구의 급격한 고령화를 내세워 끝내 개혁에 성공했다. 연금제도를 바꾸지 않으면 기금이 고갈되고 미래세대는 보험료 폭탄을 맞을 수 있다는 점을 부각시켰다.

맞다. 지금 연금문제를 위협하는 가장 큰 적은 고령화와 저출생의 문제이다. 특히 한국의 인구구조는 전 세계에서 가장 급격하게 진행되고 있다. 그러나 이 문제가 국민연금 불신의 전부를 설명하지 못한다. 기금 고갈과 세대 간 불평등 논란이 과잉 대표되면서 다른 문제들이 가려져 있을 뿐이다.

악마는 디테일에 있다고 했던가. 국민연금이 갖고 있는 여러 문제는 많은 전문가들이 지적한 것이었다. 정부가 인구 고령화 문제 뒤에 숨어 이런 문제들을 적극적으로 해결하지 않았다고 지적한다. 공무원연금 가입자들인 공무원들이 당장 욕먹기 싫어 부실을 수수방관하고 있는 건 아닐까?

국민연금이 죽어야 우리가 산다

연금에는 크게 두 종류, 공적연금과 사석연금이 있다. 공적연금에는 국민연금과 특수직역연금(공무원, 사학, 군인)이 있고, 사적연금에는 퇴직연금과 개인연금이 있다. 기초연금은 공적연금으로 분류하기도 하지만 기여(보험료 납부 없음)를 하지 않아도 국가가 지급하기 때문에 공적부조에 해당한다.

연금선진국이라고 불리는 유럽국가들의 경우 공적연금만으로 충분히 노후소득이 보장되다 보니 사적연금 시장이 크게 발달하지 않았다. 반면 미국은 다양한 금융서비스를 바탕으로 사적연금 시장이 매우 발달해 있다.

한국의 경우, 유럽식(실제로는 일본식) 연금제를 모방해 국민연금을 설계했지만 충분한 노후소득 보장이 안 되다 보니, 미국식 사적연금 시장이 커지고 있는 상황이라고 보면 이해하기가 쉬울 것 같다. OECD나 ILO 같은 국제기구는 적정 노후소득이 생애평균소득의 약 60% 정도는 되어야 한다고 밝히고 있다. 국민연금으로는 노후소득이 생애평균소득의 25~30% 정도밖에 확보가 안 되기 때문에 부족한 노후소득을 사적연금을 통해 준비해야 할 필요성이 생겼다.

이처럼 공적연금과 사적연금은 보완제이지만 실제로는 서로 경쟁하는 관계다. 공적연금이 취약하면 사적연금 시장이 활성화되고 그 반대면 사적연금의 필요성은 줄어든다.

그림5 _ 한국의 다층노후보장체계

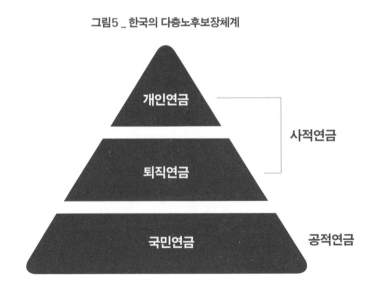

국민연금 깎아내리는 보험사, "노후소득 충분하지 않지?"

2007년 연금개혁 이후 국민연금의 실질 소득대체율이 20~30%로 떨어지자 개인연금 시장이 본격적으로 확대되기 시작했다. 금융회사들은 사적연금 가입을 늘리기 위해 대대적인 판촉 활동에 나섰다. 전략은 간단하다. '국민연금만으로는 노후소득이 충분하지 않으니', '국민연금은 불안하니까 최소한만 가입하고', '나머지 필요한 노후소득은 사적연금으로 준비하라'는 것이다. 이들이 완전 거짓말을 한 것은 아니지만 노후에 대한 불안감을 자극하는 공포마케팅으로 국민연금에 대한 불신을 조장했다.

그도 그럴 수밖에 없는 것이, 국민연금이 없던 1970년대와 80년대에는 우리나라 민간 보험사의 성장세가 엄청났다. 일하다가 사고라도 나면 남은 가족들의 생계를 위해 보험을 미리 들어야 한다는 보험사의 판촉이 설득력이 있었기 때문이다. 개발도상국이었음에도 불구하고 당시 우리나라 보험사의 자산규모는 캐나다와 비슷할 정도로 세계 8~9위 수준으로까지 성장했다. 1980년대 이전 출생자들은 '보험아줌마'들이 집집마다 다니며 보험상품을 팔던 기억을 가지고 있다. 그리고 이렇게 모인 자본은 기업을 성장시키는 데 큰 도움이 되었다. 그렇게 우리나라의 자본주의는 시민을 사회적으로 보호하기 위한 목적보다 먼저 경제성장을 위해 민간 보험시장 및 자본시장을 끌어 올렸다.

그러다 보니 국민연금제도가 출범하면서 공적연금이 가지는 보험적 기능과 노후소득 보장 기능은 기존의 민간 보험사들에게는 커다란 도전이었다. 그들이 먼저 자리 잡아둔 곳에 국민연금이 끼어드는 꼴이 되었던 것이다. 특히 1990년대 이후 가입대상이 전 국민으로 확대

되는 전 국민 연금시대가 열리고 서민들이 민간보험을 떠나 공적연금으로 이동하면서 큰 위협감이 생겼을 것이다.

실제로 외환위기가 지나고 2000년대 초반이 되면서 국민연금 납부액이 민간 보험사의 보험 납부액을 추월하기 시작하였다. 그런데 공교롭게도 국민연금 보험료를 일종의 '준조세'로 정의하고 나중에 받기 어려운 돈이라는 루머가 퍼지기 시작한 것도 바로 이즈음부터였다. 더군다나 2000년대 초반부터 국민연금 재정에 대한 문제점이 노출되고 연금개혁의 필요성이 높아지면서, 기금이 고갈되면 연금을 받지 못한다는 인식이 퍼지기 시작했다.

사적연금 활성화에만 적극적이었던 정부 정책

공적연금의 관리 책임을 가진 정부는 국민연금을 공격하는 금융회사들의 마케팅을 적극적으로 방어하지 않았다. 국민연금의 노후소득 보장을 높이려 하지도 않았고, 국민연금에 대한 불신감을 낮추기 위해 제도적인 문제점을 보강하려는 노력도 부족했다.

오히려 국민연금만으로는 노후소득이 부족한 게 사실이기 때문에 국민들이 사적연금에 많이 가입할 수 있도록 정책적으로 지원했다. 중산층을 중심으로 사적연금의 세제 혜택(연금보험에 대한 소득공제)을 충분히 이용하려는 풍조가 생겼다. 또한 사적연금이 아니더라도 부동산과 주식, 저축 등 재테크 바람이 불었다.

정부가 공적연금인 국민연금에 지원하는 예산보다 사적연금 가입자에 대한 세제 혜택에 더 많은 재정을 쓰는 아이러니한 상황이 연출되었다. 정부가 노후소득 강화를 위해 사적연금의 역할을 강화하는 정책 방향을 잡은 것이다. 실제 생명보험회사의 보험계약 보유건수가 국민연금개혁에 대한 논의가 시작된 2004년에 크게 증가했다.

문제는 정부가 국민연금의 사각지대를 적극적으로 줄이려는 노력을 게을리하고 사적연금 활성화에 적극 나선 결과, 경제활동 시기의 빈부격차가 은퇴 이후에도 그대로 이어지게 되었다. 아니 저소득층의 은퇴 이후 삶은 더 고통스럽게 됐다.

중산층 이상의 경제적 여력이 있는 사람들은 세제 혜택을 받기 위해서라도 적극적으로 사적연금에 가입해 노후를 준비했지만, 국민연금 보험료도 아까워하는 저소득층에게 공적연금의 약화는 노후준비를 더 힘들게 했다. 정부가 취약계층 보호라는 기본적인 책무에는 소홀하고 가진 사람을 지원하는 복지정책에만 애를 쓴 셈이다. 정부는 그래서 기초연금을 하고 있다고 변명하고 싶겠지만, 70% 노인에게 30만 원씩 뿌리는 건 진정한 약자 보호가 아니다.

중산층 이상 소득자들도 이제 깨닫기 시작하고 있다. 한국 금융시장에서 사적연금을 취급한지 10~20년이 경과하면서 사적연금으로 노후소득을 보장받는 게 얼마나 취약한 것인지 적나라하게 드러나고 있다. 그 이유에 대해서는 뒤에서 자세히 다루고자 한다. 불행인지 다행인지 모르겠지만 결과적으로 정부의 사적연금 활성화는 현재 상태에서 본다면 완전히 실패한 정책이 되고 있다. 국민들이 쓴 돈에 비해 한국인의 노후준비가 강화되지 않았기 때문이다. 2010년 이후에는 국민연금에 대한 의존도가 다시 커지고 있다는 게 불행 중 다행이라고 할 수 있다.

반면, 사적연금에 대한 노후준비 의존은 2009년 30%대였으나

2021년 말 기준으로는 9.64%로 매년 급격하게 낮아지고 있으며, 이러한 추세는 계속될 것으로 보인다. 퇴직연금과 개인연금이 충분한 노후소득이 될 수 있는지는 이어서 자세히 알아보겠다.

그림6 _ 19세 이상 인구 중 노후준비 수단 응답비율

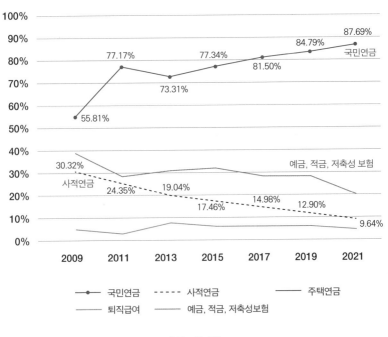

출처 _ 통계청

'NO 답' 퇴직연금과 개인연금

국민연금 보험료는 소득의 9%, 퇴직연금은 소득의 8.33%이다. 평균 이상의 소득이 있는 근로자의 경우, 국민연금 납입액보다 퇴직연금이나 개인연금에 더 많은 돈을 내고 있을 가능성이 높다.

국민연금은 소득상한이 있기 때문이다. 2023년 기준 국민연금의 소득상한은 월 590만 원이다. 따라서 월 590만 원 이상 급여를 받는 근로자의 국민연금 보험료는 모두 590만 원×9% = 531,000원으로 동일하다. 근로자 본인은 보험료의 절반만 내니까 국민연금을 가장 높게 내는 근로자의 월급명세서에는 265,500원이 공제되었을 것이다. 대기업 회장님이나 연봉 약 7천만 원을 받는 과장급 직원이나 국민연금 보험료는 동일하다. 이에 반해 퇴직연금은 소득상한이 없다. 무조건 본인 소득의 8.33%를 적립하게 된다. 본인의 연봉이 대략 7,500만 원이 넘는다면 국민연금보다 퇴직연금을 더 많이 납입하고 있다고 보면 된다. 게다가 그 정도 소득이 있는 근로자라면 연말정산 때 최대 16.5%의 세액공제를 받을 수 있는 개인연금을 추가로 납입하는 경우가 많다.

퇴직연금과 개인연금은 국민연금의 대안이 될 수 있나?

국민연금의 40년 가입 기준 소득대체율은 40%다. 만약 퇴직연금과 개인연금 합계액이 국민연금보다 많고, 똑같이 40년 납입해 적어도 40%의 소득대체율을 추가로 얻을 수 있다면 좋을 것이다. 이렇게 3중 구조로 은퇴를 준비했다면 80% 정도의 소득대체율이 나와야 한다. 40년 동안 일하는 사람은 많지 않으니, 30년 가입이라 가정하면 국민연금에서 30%, 퇴직 및 개인연금에서 30%를 더해 60%의 실질 소득대체율을 얻어야 정상일 것이다. OECD가 권고한 적정 노후 소득대체율이 60%니까 이 정도면 나쁘지 않다. 만약 모든 것이 제대로 작동한다면 말이다.

안타깝지만 현재 상황만 놓고 보면 그럴 확률은 0에 가깝다. 퇴직 연금과 개인연금이 노후소득 보장 기능을 전혀 하지 못할 것이 확실하기 때문이다. 핵심 사항은 두 가지다.

이유 1: 높은 중도인출과 낮은 연금 전환 비율

우리나라의 퇴직연금제도는 과거 퇴직금제도의 연장선상에서 도입되었다. 과거 IMF 사태로 많은 기업들이 퇴직금을 지급하지 못한 채 망하는 사례가 다수 발생했고, 이러한 경험을 바탕으로 2005년 근로자퇴직급여보장법(퇴직연금법)이 제정되어 퇴직금의 사외적립을 의무화한 것이 현재 퇴직연금제도의 출발이다.

퇴직연금이 노후소득 보장 장치로 작동하려면 은퇴 시점까지 납입액을 인출을 하지 않고 은퇴 이후 받아야 진정한 연금의 역할을 하게 된다. 그러나 우선 우리나라 기업의 약 절반에 해당하는 영세기업들은 이 제도를 도입하지 못하고 있다.

퇴직금을 중간 정산해 주택을 구매하거나 전세집을 넓히는 데 사용한 것처럼, 퇴직연금 역시 비슷하게 운영되고 있다. 현행 퇴직연금법은 일부 예외적인 사유를 제외하고는 퇴직연금의 중도인출을 허용하지 않는데, 그 예외적인 사유에 전세자금이나 주택 구입이 포함된다.

퇴직연금을 중도에 인출하게 되면 그간 내지 않았던 세금까지 내야한다는 불이익이 있지만, 한푼 두푼 돈을 모아 전세집을 넓히고 청약이라도 받아 아파트를 사는 것이 재테크의 기본인 나라에서 얼마 되지 않는 세제 혜택을 받으려 퇴직연금을 곱게 모셔 두는 사람은 많지 않다.

꼭 재테크나 주택문제가 아니라도 우리나라의 근로자가 퇴직연금을 65세까지 깨지 않고 버티는 것은 불가능에 가깝다. 통계적으로 평균적인 임금근로자는 40대 후반에서 50대 초반에 직장을 관두게 된다. 예전보다 낮은 월급을 받으며 새로운 직장을 다니거나 치킨집을 차리거나, 두 가지 선택밖에 없다.

소득이 줄었다고 나갈 돈이 줄어드는 것은 아니다. 학원비니 대학 등록금이니 나갈 돈은 그대로다. 아파트를 사기 위해 받았던 대출금도 그대로 남아 있다. 이때까지 퇴직연금을 중도인출하지 않고 버틴 사람들조차 어쩔 수 없이 일시금으로 퇴직연금을 수령하게 된다. 퇴직연금을 65세까지 깨지 않고 가기가 너무 어려운 세상이다.

결과적으로 2020년 기준 퇴직급여 대상자 중 연금수령자는 3.3%밖에 되지 않는다. 나머지 96.7%는 중도인출을 했거나, 아니면 끝내 버티지 못하고 55세에 일시금으로 수령하는 것이다. 퇴직연금 및 개인연금이 노후소득 보장 체계로서 전혀 작동하고 있지 않음을 단적으로 보여 주는 수치다.

이유 2 : 국민연금보다 매우 낮은 수익률

24세에 취업하여 60세에 은퇴할 때까지 36년을 일하고 퇴직한 사람이 있다고 가정하자. 전체 노동자의 약 1%에 해당할 정도로 운좋은 사람이다. 이 사람이 국민연금과 퇴직연금, 개인연금을 모두 납입했다고 치자. 퇴직연금은 원리금보장형 상품에 가입했다. 퇴직금 적립금이 8.33%이니까 1년 일하면 1달치 월급이 쌓이는 셈이고, 36년을 일했으면 3년치 연봉이 퇴직연금 납입 총액이다. 현재 퇴직연금 수익률은 매년 물가상승률과 거의 똑같았다. 따라서 65세 퇴직연금 수령하는 시점에서 3년치 연봉 그대로다.

이 금액을 앞으로 20년간 나눠서 받으면 퇴직연금의 소득대체율은 3년/20년＝15%다. 36년간 매달 꼬박꼬박 월급의 8.33%를 부었는데, 겨우 20년간 은퇴 전 평균 월급의 15%라니, 딱히 성공적인 투자는 아닌 셈이다. 국민연금도 36년간 가입했으니 소득대체율은 36%, 여기에 퇴직연금 수익률 15%를 더하면 51%에 불과하다. OECD가 권고한 노후소득 60%에 못 미친다. 만약 60%의 소득대체율을 바란다면 소득의 5.55% 정도를 또 개인연금에 납입했어야 한다. 결국 36년 동안 일을 하고 60%의 소득대체율을 바란다면 국민연금 9% + 퇴직연금 8.33% + 개인연금 5.55%, 즉 본인 소득의 약 23%를 3층 구조의 연금제에 가입해야 얻을 수 있는 셈이다.

그것도 36년 동안 퇴직연금과 개인연금을 안 깨고 버텼을 때 그렇다는 것이다. 공무원연금은 18% 정도를 내고 소득대체율 60%에 도달하니 골치도 덜 아프고 훨씬 좋은 것 아닌가. 지속가능성을 유지한다면 공적연금이 훨씬 국민에게 이로운 제도가 아닌가(그런데도 국민연금 없애고 내 돈 돌려달라는 사람의 속내를 도무지 알 수 없다).

게다가 우리나라 노동자의 평균근로기간은 25년 정도다. 이 경우

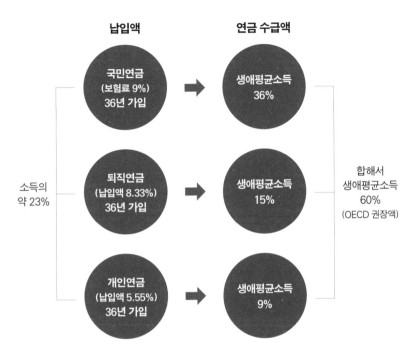

그림7 _ 3층 노후보장체계 설계도

국민연금 소득대체율은 25%, 퇴직연금 소득대체율은 10%로 결국 생애평균소득의 35%로 은퇴 이후 삶을 살아가야 하는 건데, 이는 국가가 약속했던 풍요로운 노후와는 한참 거리가 멀다. 대부분의 한국인이 처한 현실이 이렇다.

퇴직연금과 개인연금이 실질적인 노후소득 보장 기능을 하려면 수익률이 아주 중요하다. 짧게는 20년, 길게는 40년 가까이 적립하는 상품이므로 수익률이 약간만 개선되어도 복리의 마법이 작동하여 노

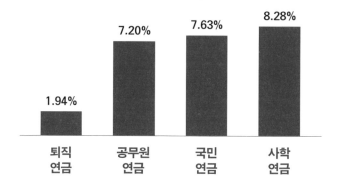

그림8 _ 주요 연금 평균 수익률(2017~2021년 기준)

후소득 보장 기능이 큰 폭으로 강화될 수 있다. 그러나 현실은 안타깝게도 물가상승률조차 따라잡지 못하는 실정이다(〈그림8〉 참고). 결론적으로 한국에서 퇴직연금과 개인연금이 노후소득 보장 역할을 제대로 발휘할 가능성은 매우 낮다.

은퇴를 설계하려면, 연금계의 맏형 국민연금이 자리잡아야

현 연금제도를 통해 노후소득이 보장되려면 무엇보다 노동을 할 수 있는 기간이 늘어나야 한다. 평균수명이 85세에 육박하는 나라에서 불과 25년 정도의 노동으로 평안한 노후를 준비하는 것은 불가능하다. 그런 의미에서 연금은 노동시장의 하부구조다. 연금개혁에 앞서 노동시장개혁이 필요한 이유다.

사적연금 문제에 대한 종합대책도 나와야 할 상황이다. 그런데 국민연금개혁도 17년째 진흙탕에 빠져 있다 보니 사회적 논의가 더딘 실정이다. 은퇴를 설계하는 사람들은 보통 부동산 자산을 빼면 우선적으로 국민연금을 기본으로 두고 나머지 소득을 보충할 방법을 찾는다. 국민연금에 들어가는 보험료와 이를 통해 얻을 수 있는 노후소득 수준에 대한 그림이 그려져야 나머지 연금을 통해 본인이 희망하는 노후소득의 계획을 짤 수 있기 때문이다.

국민연금에 대한 신뢰성이 흔들리고, 이를 근거로 민간 금융회사들이 노후 불안감을 자극하고, 그래서 치밀한 계획 없이 수익성이 떨어지는 퇴직연금과 개인연금에 가입하는 악순환 속에서는 3층 4층 구조의 연금체계를 만들어 봤자 헛수고라는 것이다. 사적연금이 정상화되기 위해서는 큰 형님인 국민연금이 먼저 자리를 잡아야 한다.

50대 주부가 연금에게, "국민연금 있으면 기초연금 못 받아요?"

남편이 아직 중견기업에 다니는 50대 가정주부가 요즘 고민에 휩싸였다. 남편의 국민연금만으로는 충분하지 않으니 가정주부이지만 국민연금에 임의로 가입하는 게 좋다고 해서 매달 9만 원씩 국민연금을 내고 있었다. 벌써 8년 정도 국민연금에 가입했다. 그런데 요즘 국민연금을 내고 있는 사람은 기초연금이 깎인다는 얘기를 들었다. 국민연금을 계속 납입해 봤자 한 달에 30만 원 정도 받을 수 있을 것 같은데 이 때문에 30만 원이 넘는 기초연금을 못 받게 될 수 있다니 국민연금 임의가입을 해지해야 하냐고 묻는다. 서울에 30평대 아파트도 있고 남편의 국민연금 급여는 180만 원이나 되는데, 그럼 자신이 기초연금에서 불이익을 받는 건 아닌지 고민이다.

기초연금은 만 65세 이상 노인의 생활 안정을 위해 국가가 지급하는 공적연금이다. 사회보험이 아니라 국가가 저소득 노인들을 돕기 위한 공적부조라고 할 수 있다. 전체 노인 중 소득 하위 70%에 해당하면 받을 수 있다. 2023년 현재 노인 1명당 한 달에 약 323,000원, 부부가 동시에 받으면 약 517,000원이 지급된다.

하지만 기초연금은 국민연금 수급과 연계되어 있어서 국민연금을 많이 받는 사람은 기초연금을 다소 삭감해서 받게 된다. 실제 삭감되는 규모는 그리 크다고는 할 수 없으나, 뭔가 불공평하다고 느껴지는 사항이기는 하다. 1인 기초연금액 334,000원의 1.5배 이상의 국민연금을 수급(501,000원 이상)하는 사람들부터 감액이 될 수 있다. 최대 감액은 기초연금의 절반까지다. 대략 국민연금 가입기간이 10년을 초과하여 1년씩 증가할 때마다 1만 원 정도 감액되는 수준이다.

규모야 어떻건 국민연금을 수령하는 입장에서, 아무 기여 없는 기초연금으로 인해 보험료를 충실하게 납부한 사람이 오히려 불이익을 받게 되는 구조가 되었다. 결국 국민연금 가입자의 불만을 키우고, 그렇다고 해서 노인빈곤 해소를 위해 만든 기초연금을 더 올리기도 어려운 상황을 스스로 만든 셈이다.

국민연금을 흔드는 기초연금, 이대로 계속 줄 수 있을까?

전 국민 연금시대를 연지 이제 36년, 연금제 시행과 함께 직장에 들어간 사람들이 은퇴를 하기 시작했다. 주로 2차 베이비 붐 세대들이다. 그럼 앞으로는 괜찮을까?

향후 노인빈곤율이 다소 떨어질 것으로 예상되지만 한국은 OECD 평균인 약 14%에 도달하기 쉽지 않을 것으로 전망된다. 보건복지부 추산 연금 사각지대의 인구는 2020년 말 기준 약 1,263만 명으로 파악돼 전체 국민의 1/4에 달하는 수치다. 2040년이 되어도 노인빈곤율이 20~30% 사이를 유지할 것이란 전망이 나오는 이유다.

안정된 노후를 위해 국민연금제도를 만들었지만, 한국은 연금제도 밖에 있는 사람들이 너무 많기 때문에 기초연금이 꼭 필요한 실정이다. 다만 문제는 정치적 포퓰리즘이 기초연금의 역할을 변질시키고 있다는 점이다.

우선 첫 번째, 노인 1인당 30만 원이라는 돈은 아주 기분 좋은 용돈은 되겠지만 절대 빈곤에 빠진 노인들을 빈곤에서 꺼내기에는 한참 부족한 액수다. 연금제도 밖에 있는 저소득 노인에게 좀 더 많은 액수의 기초연금을 지급할 필요가 있다. 그러기 위해서는 수급 대상 노인을 줄일 필요가 있지만 정치권은 노인 표심을 얻기 위해 전체 노인의 70%로 대상을 확대해 버렸다.

한국보건사회연구원 보고서를 보면 기초연금을 지금처럼 주려면 2080년 312조 원, 약 GDP의 약 3.6%의 재정이 필요하다고 파악했다. 65세 이상 모든 노인에게 기초연금을 지급하려면 GDP 대비 약 5.5%가 필요한 것으로 나타났다. 당장 2045년 전후 한해 기초연금 지급액이 100조 원을 넘길 것으로 예측했다.[*]

---

[*] 류재린, 공적연금 재구조화 방안연구, 보건사회연구원, 2022년

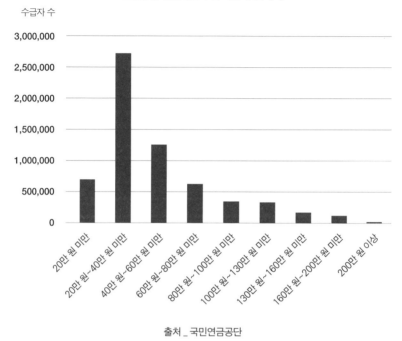

그림9 _ 국민연금 수급액별 수급자 수

수급자 수

출처 _ 국민연금공단

국민연금제도가 현행대로 유지될 경우, 미래의 국민은 국민연금에 자기 소득의 20~30%를 보험료로 내야 하는데, 기초연금에 필요한 세금을 추가로 부담해야 한다는 계산이 나온다. OECD도 한국에 대해 기초연금의 지급 대상을 좁히고 그 대신 지급액을 올리라고 권고하고 있다.

두 번째는 국민연금 연계감액제도, 즉 국민연금 지급액과 가입기간을 기준으로 기초연금을 줄이는 제도에 대한 논란이다. 이 때문에 기초연금을 온전히 받기 위해 오히려 국민연금을 멀리하려는 풍조가 생기고 있다.

그도 그럴 것이 2023년 기준 국민연금의 평균급여액은 61만 원, 이보다 적은 연금을 받는 사람들이 전체의 75%가량 된다(〈그림9〉 참고). 국민연금 급여액이 이 정도인데 기초연금을 노인 1인당 30만 원씩 — 윤석열 정부는 40만 원으로 인상 추진 — 부부가 함께 받으면 50만 원 넘게 받을 수 있으니 아예 국민연금 가입을 안 하겠다는 심리가 퍼지고 있는 것이다.

'기초연금을 모두 받으려면 또는 건강보험 피보험자로 남으려면, 국민연금을 많이 받으면 안 된다'는 정보가 SNS를 타고 급속히 확산하고 있다. 소득이 없는 가정주부들이 많이 가입하던 국민연금 임의가입자 숫자도 줄어들기 시작했는데 국민연금과 연계한 기초연금 감액제도 영향이 큰 것으로 나타났다.

국민연금 성실 가입자는 이중 불이익

다시 말하지만 국민연금에는 저소득층을 돕기 위한 강력한 소득재분배 기능이 있다. 국민연금 가입자의 평균소득을 기준으로 소득이 높은 사람의 연금액을 떼어서 평균 이하의 가입자에게 나눠 주는 것이다. 국민연금을 최고액으로 내는 사람은 자기 연금의 약 1/4, 현재가치로 약 60만 원을 저소득층에게 나눠 준다. 자기가 낸 보험료를 기준으로 약 240만 원의 연금을 받을 수 있는 사람이 180만 원만 받는 셈이니까 굉장히 큰 소득재분배 효과가 있는 것이다.

그런데 이런 사람은 기초연금을 못 받거나 국민연금 연계감액제도로 기초연금액의 절반만 받을 수 있게 된다. 성실하게 국민연금에 가입한 사람들이 이중으로 불이익을 받는 셈이다.

　이런 문제들 때문에 현행 기초연금제는 문제투성이라는 평가가 나온다. 기초연금과 국민연금이 상호 보완제가 아니라 대체제처럼 작동할 경우 국민연금제도가 부실해질 수 있다. 기초연금은 공짜이기 때문이다. 게다가 노인인구가 전체 인구의 절반에 육박하게 될 초고령사회에 기초연금을 지금처럼 지급하는 건 불가능에 가깝다.

　따라서 기초연금을 지금처럼 지급하려면 국민연금을 소득비례로 바꾸던지, 아니면 기초연금 수급 대상 노인을 현실에 맞게 줄이고 기초연금에 썼던 예산을 국민연금 저소득 가입자 지원금으로 쓰던지, 정책 방향이 보다 명확해져야 한다. 지금처럼 뒤죽박죽 설계로 국민연금을 갉아먹는 식은 곤란하다.

무분별한 기초연금 확대는 포퓰리즘

기초연금은 노무현 정부 때 만든 기초노령연금법을 토대로 이명박 정부 때 처음 지급되었다. 이름도 기초노령연금으로 소득하위 70% 노인에게 10만 원씩 줬다. 이후 박근혜 정부 때 기초연금으로 이름을 바꿨다. '모든 노인에게 기초연금 20만 원을 지급한다'고 대선기간 때 공약했지만 정부재정의 한계로 소득하위 70% 지급방식을 유지했다. 이후 문재인 정부는 이를 30만 원으로 올렸고 윤석열 대통령은 후보 시절 기초연금 40만 원 인상을 약속했다.

그림10 _ 기초연금 변천사

기초연금이 엉성하게 된 주요 이유는 기초연금 증액이 대선 때마다 선심성 공약으로 등장했기 때문이다. 노인인구가 늘어나니 노인들이 좋아할 기초연금 공약이 주요했기 때문이다. 전문가들은 소수에게 더 많은 돈을 지급하라고 주문하고 있지만, 표를 달라고 나온 공약은 대상 노인 수를 줄이지 못했다. '기초연금이야말로 대표적인

포퓰리즘 공약'이라는 말이 나오는 이유다.

이처럼 면밀한 연구 없이 기초연금이 확대되다 보니, 국가재정과 충돌하고 이어 다른 복지제도와도 충돌하는 식이다. 국민연금은 17년째 개혁을 못 했는데, 기초연금은 대선이 치러질 때마다 10만 원씩 오르다 보니 이제는 기초연금이 국민연금을 위협하는 수준에 이른 것이다.

대부분의 전문가는 지금과 같은 식의 기초연금 확대는 지속가능하지 않다고 진단하고 있다. 정부가 가난한 노인의 노후소득을 마련해주려고 노력하는 것은 너무나 당연한 일이다. 그러나 기초연금이 공적연금의 기초가 되는 게 아니라 국민연금의 근간을 흔들고 있다면 이것은 문제다.

기초연금의 문제는 연금개혁 논의에서 단골손님처럼 등장했고, 관련 연구보고서도 여러 건 나왔다. 보건복지부나 국회도 이 문제를 모두 알고 있다. 다만 대통령의 공약이다 보니 브레이크가 걸리지 않고 있다.

590만 원 월급쟁이가 봉?
엉터리 소득재분배 'A값'의 함정

국민연금은 사회보험제도이다. 국민연금 가입자들이 제도 내에서 서로 협력해야 유지되는 제도다. 더 나아가 세대 간 협력도 필요하다. 즉 할아버지 세대와 아버지 세대, 아들 세대가 서로 연대를 해야 굴러 가는 제도다. 농어업인, 자영업, 회사원 등 세대와 직업이 서로 다른 사람들이 함께 연대를 한다는 건 어려운 일이다. 그래서 국가가 강제 적인 제도를 만들었고, 이 제도를 건강하게 유지할 법적 의무가 정부 에게 있다. 그러기 위해서는 합리성과 형평성이 필요하다.

지금 국민연금개혁이 필요한 이유는 꼭 연기금이 고갈되어서가 아 니다. 더 중요한 이유는 지금 연금개혁을 하지 않으면 미래세대의 부 담이 현세대보다 너무 커지기 때문이다. 즉 세대 간 형평성이 깨진다. 세대 간 불공평함이 너무 크면 연금제는 불신받게 되고 망할 수 있다. 빠르게 연금개혁을 해서 현세대와 미래세대, 그리고 그 다음 미래세 대가 좀 비슷하게 부담하자는 것이다.

그런데 국민연금은 세대 간 형평성만 깨져 있는 게 아니라 같은 세 대 구성원 사이에서도 형평성이 깨져 있다. 소득재분배 기능이 허술 하게 설계됐기 때문인데, 보건복지부 외에는 이런 사실을 아는 사람 이 거의 없다. 연금 정보를 매우 빈약하게 공개하기 때문이다.

앞서 말했듯이 국민연금에는 소득재분배 기능이 있다. 국민연금 가 입자의 평균소득자를 기준으로 고소득층의 연금을 좀 줄여서 이를 저 소득층에게 나눠 주는 것이다. 돈을 많이 버는 사람이 세금을 더 내는 것처럼 대부분의 사회보험제도에는 사회 취약계층을 위한 소득재분배 기능이 있고, 이는 매우 중요한 가치이자 순기능임에 틀림없다.

그러나 소득재분배 효과로 연금액을 더 받게 되는 저소득층이 실제로는 저소득층이 아닐 확률이 높다면? 소득을 적게 신고하는 사람들 때문에 소득재분배에 왜곡이 벌어지고 있다면? 이는 연금제도의 건강성을 위협하는 심각한 문제다. 우리의 국민연금이 바로 그런 상황이다.

"내 연금액에서 61만 원을 뺀다고?"

국민연금 급여에서 소득재분배 기능을 발휘하는 게 바로 A값이다. 최근 3년간 가입자의 평균소득액을 A값으로 정의한다. 하지만 소득상한이 있다. 2023년 소득상한은 590만 원이다.

$$국민연금 급여 = [1.2(A+B) \times P] \times (1+0.05n)$$

A : 전체 가입자 평균소득   B : 가입자 개인소득
P : 가입기간   n : 20년 초과 가입기간

국민연금 가입자가 은퇴 후 받게 되는 급여(연금액) 계산식이다. 국민연금의 보험료는 가입자 소득의 9%다. 그러나 연금을 받을 때는 달라진다. 국민연금 급여(연금액)의 50%는 자기 소득대로 계산하지만, 나머지 50%는 전체 가입자의 평균소득으로 계산한다. 이것이 바로 A값이다. 따라서 A값보다 소득이 높은 사람은 연금액이 깎이고, A값보

다 소득이 낮은 사람은 연금액이 커진다. A값이 소득재분배를 일으키는 변수라는 것이다.

국민연금에서 가장 높은 보험료를 내는 사람(2023년 기준 월소득 590만 원)은 자기가 받을 연금의 약 1/4을 저소득층에게 넘겨주고 있다. 소득비례로 받을 수 있는 연금급여보다 매달 약 61만 원이나 적게 받는다(〈표3〉 참고). 은퇴 후 자기 소득에 비례해 236만 원을 받을 수 있는 연금을 175만 원만 받는다. 이는 연간 730만 원, 평균수명(2021년 기준 83.6세)까지 산다고 가정하면 한 명이 총 1억 3,500만 원 가량의 소득을 저소득자에게 주는 결과가 된다. 지난 2022년 이런 식으로 국민연금 수급액 중 약 8.5조 원이 고소득층에서 저소득층에게 이전된 것으로 추정된다. 정부가 국민연금 저소득층 가입자를 위해 쓰는 예산이 1조 원이니까 매우 큰 규모이다.

표3 _ 국민연금 소득재분배

₩		저소득자	평균소득자	고소득자
소득액		37만 원	286만 원(A값)	590만 원
연금액	소득비례	15만 원	114만 원	236만 원
	소득재분배	65만 원	114만 원	175만 원
월간 이전효과		▲50만 원	0	▼61만 원
연간 이전효과		▲598만 원	0	▼730만 원
평균수명 도달		▲1억 1,115만 원	0	▼1억 3,571만 원

자료 : 국민연금공단 통계 이용 자체 계산

문제는 A값이 전체 가입자의 평균소득으로 정해지는데, 월급쟁이 소득은 파악이 잘 되지만, 자영업자나 특수고용형태의 노동자 등은 소득 파악이 잘 안 되고, 특히 이들이 실제 소득보다 낮게 국민연금에 가입하는 사례가 많다는 것이다. 이들이 낮은 소득을 신고하면 평균값인 A값도 낮아진다. A값이 낮아지면 평균보다 소득이 높은 사람들의 연금액은 더 크게 깎이는 효과가 나타나는 것이다. 소득이 유리지갑인 월급쟁이들은 국민연금제도 내에서는 실제 소득수준보다 고소득자로 분류되고 꽤 큰 소득을 나눠 주는 구조이다.

국민연금 소득재분배가 엉터리가 된 이유

현재의 국민연금 급여산식은 상당히 문제가 많다는 것, 그리고 A값을 이용한 소득재분배가 얼마나 공정하지 않은지 사례를 들어 설명해 보자.

사례 1) 국민연금에 가입한 사람은 A, B 총 2명이다. 둘 다 40년 가입을 했고 A의 생애평균소득은 250만 원, B는 350만 원이었다. 이때 둘의 연금액과 완전소득비례 급여산식 시나리오 대비 이전된 총소득은?

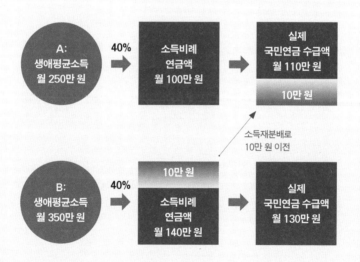

B가 A에게 소득재분배 기능으로 이전한 금액은 10만 원이다. 따라서 두 사람의 연금급여 총액 대비 이전액의 비율은 10만 원/240만 원 = 4.2%다.

사례 2) 국민연금에 가입한 사람은 A, B 총 2명이다. 둘 다 40년 가입을 했고 A의 평균소득은 50만 원, B 평균소득은 550만 원이었다. 이때 둘의 연금액과 완전소득비례 급여산식 시나리오 대비 이전된 총소득은?

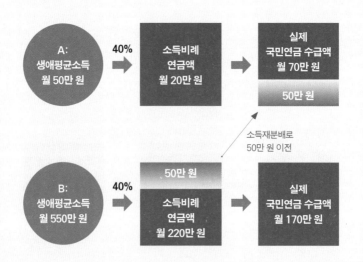

연금급여 총액은 240만원, B가 A에게 소득재분배 기능으로 이전한 금액은 50만 원이다. 따라서 연금급여 총액 대비 이전액의 비율은 50만 원/240만 원=20.8%다.

사례 3) 국민연금에 가입한 사람은 A, B, C, D 총 4명이다. 모두 40년 가입을 했고 A, B, C의 평균소득은 50만 원, D의 평균소득은 550만 원이었다. 이때 둘의 연금액과 완전소득비례 급여산식 시나리오 대비 이전된 총소득은?

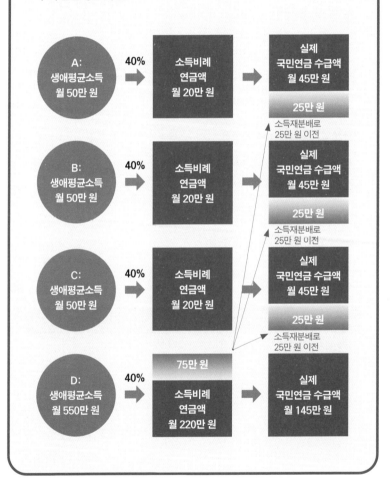

D가 A, B, C에게 소득재분배 기능으로 이전한 금액은 75만 원이다. 따라서 연금급여 총액 대비 이전액의 비율은 75만 원/280만 원 = 26.8%다.

D도 소득이 조금 많을 뿐 아주 큰 부자는 아닌데 소득비례로 급여를 받을 때 대비 연금급여의 1/3 가까이 되는 상당한 소득을 저소득층에게 이전하게 된다. D는 가혹하다 느낄 수 밖에 없다. A, B, C 입장에서는 D가 이전한 소득을 셋이 나눠받기에 실제로 노후소득보장에 충분한 급여를 받지 못한다. 이전된 소득에 대해 큰 고마움을 느끼지 못한다는 뜻이다.

사례 4) 국민연금에 가입한 사람은 총 2,500만 명이다. 40년 가입을 했고 가입자의 생애소득은 평균이 200만 원, 표준편차가 50만 원이 정규분포를 따른다. 완전소득비례 급여산식 시나리오 대비 이전액은?

앞선 방식과 유사하게 계산하면 이전되는 소득비율은 3.5% 수준으로 나온다. 정리하면 다음과 같다.

표4 _ 소득재분배 모형 및 효과

	사례 1	사례 2	사례 3	사례 4
가입자 수	2	2	4	N
소득분포	중상소득자 1명 중하소득자 1명	고소득자 1명 저소득자 1명	고소득자 1명 저소득자 3명	다수가입 정규분포
소득재분배로 이전되는 급여비율	4.2%	20.8%	26.8%	3.5%

확실한 사실은 소득재분배로 이전되는 급여 비율이 높을수록, 즉 〈사례 1〉에서 〈사례 3〉으로 갈수록 소득재분배 기능이 제대로 작동하지 않는다는 것이다. 이상적인 것은 〈사례 4〉일 것이다.

최초 제도 설계시 분명히 〈사례 1〉 혹은 〈사례 4〉와 유사한 시나리오를 상정했을 것이다. 정규분포와 비슷한 종 모양의 소득분포, 즉 평균 이하 소득자와 평균 이상 소득자의 수가 비슷하고, 평균 부근에 대부분의 가입자가 몰려 있어야 현재 급여산식 내의 소득재분배 기능이 정상적으로 작동할 수 있기 때문이다.

하지만 현실은 〈사례 3〉과 유사하다.

2022년 7월 기준, 약 600만 명의 국민연금 급여수령자 중 평균 이상의 급여를 받는 사람은 150여만 명, 평균 이하의 급여를 받는 사람은 450만 명가량이다. 가입자별 데이터가 공개되어 있지 않기에 정확한 값은 아니겠으나 국민연금공단에서 공개한 수급자 소득분포 데이터를 활용해 앞선 방식과 동일하게 계산하면 소득재분배로 이전되는 소득은 26.99%로 나온다.

현재 국민연금 소득재분배는 제 기능을 수행하지 못하고 있다. 평균 이하 소득자가 전체 가입자의 3/4이고, 이들에게 1/4의 평균 이상 소득자가 급여를 이전하기 때문이다. 평균 이하 소득자가 실제 저소득자가 아닌 경우도 허다하다.

국민연금 납입 기준 최고소득자(7,000만 원)의 수익비는 1.4 정도다. 만약 기준소득 상한을 없애면 1억 원 이상 고액소득자의 수익비는 1보다 낮아지게 될 것이다. 이들 입장에서는 은행에 그냥 돈을 두는 것이 더 남는 장사다. 사적연금 시장에서도 더 좋은 상품을 못 만들 리 없다. 사회적 장치인 국민연금이 일부 집단이 격렬하게 반대할 것이 뻔한 변화를 꾀하는 것은 판을 깨자는 것이나 마찬가지다.

결국 고소득자에게는 가혹하고, 저소득자에는 도움이 되지 않는 것이 현 국민연금의 A값 기반 급여산식이 갖는 엉터리 소득재분배의 현실이다.

부자를 더 챙겨주는 소득재분배의 모순

국민연금의 경우 월소득 1백만 원 수준에 매우 많은 가입자가 몰려 있는데, 이 중 절반 이상은 지역가입자(주로 자영업자)와 임의가입자 (주로 주부)들이다. 먼저, 자영업자 중에 4인 미만의 직원을 고용한 사업주 중에는 평균적인 월급생활자보다 소득이 많은 사람이 다수 섞여 있을 가능성이 있다. 또 국민연금에 가입할 의무가 없는데도 자발적으로 가입하는 임의가입자 중에는 가정주부가 많다. 이들의 배우자들을 조사해 봤더니 대부분 국민연금이나 공무원연금에 고소득층으로 가입되어 있었다. 국민연금의 평균소득자보다 경제적으로 부유한 사람일 가능성이 크다는 뜻이다.

그렇다면 이들은 국민연금을 꼭 필요한 노후보장 때문에 가입하는 게 아니라 수익률 높은 금융상품처럼 이용하는 셈이다. 그런 그들에게 성실한 근로소득자들이 자신이 연금을 1/4이나 나눠주고 있는 셈이다. 이러한 소득재분배는 전혀 공정하지 않다. 정부가 이런 사실을 잘 알고 있으면서도 바로잡지 않는 이유를 모르겠다.

국민 소득재분배에서 빠진 공무원과 교원

공적연금처럼 큰 제도는 그 나라의 사회문제와 관계가 있을 수밖에 없다. 첫 번째 국민연금의 문제에는 우리 사회의 빈부격차, 그리고 취약한 노동시장 문제가 그대로 드러난다. 즉 경제활동을 늦게 시작하거나 너무 빨리 은퇴해 가입기간이 줄어드는 문제가 있고, 높은 자영업자 비중과 비정규직 문제 등이 포함되어 있다.

우리 사회에서 공무원이란 직업은 과거 민간기업에 비해 상당히 저임금 구조였다. 그러나 민간기업이 정규직 채용을 줄이고 하청, 비정규직 노동자를 대거 고용하면서 공무원이란 직업은 이제 임금수준도 좋고 정년이 보장되는 선망의 직업으로 바뀌었다. 대학 교수나 학교 교사들은 더 말할 나위가 없다. 이런 공무원과 교원 등은 중산층 이상의 안정적인 노동자 그룹인데, 이들은 국민연금제도 밖에 존재하고 있다. 국민연금 가입자의 질적 구성이 더 취약해지는 셈이다.

두 번째로 국민연금의 문제는 지난 17년간 제도상의 문제점이 발생했는데도 이를 개혁하지 않고 넘겨 왔다는 점이다. 그런데 지난 17년간 국민연금개혁을 주도한 사람들은 누구인가. 1차적으로는 보건복지부와 기획재정부가 핵심 역할을 했고, 이를 둘러싸고 있는 재정계산위원회, 재정추계위원회 등 각종 민간 전문가 그룹이 그들이다.

그런데 이들 대부분은 공무원연금 또는 사학연금 가입자들로 국민연금과 동떨어져 있는 국민들이라는 것이다. 이들이 국민연금개혁을 주도한 결과는 2007년 이후 17년째 아무런 개혁을 하지 않아 국민연금을 더 불신받게 한 것이다. 그들이 자신의 노후와 관련 없는 국민연금에 대해 절박함이 있었는지 의문이다.

그동안 공무원이나 교사들은 자신들의 임금체계가 일반 국민들과 다르다는 점을 들어 국민연금과의 통합을 반대해 왔다. 그러나 국민연금 가입자 속에도 회사원과 자영업자, 택배기사와 주부 등 더 이질적인 가입자들이 함께 존재한다. 공무원이나 교원 등이 더 다르다고 주장할 만한 요소는 크지 않다. 사회 지도층인 공무원과 교원이 국민연금에 포함돼 저소득층을 위한 소득재분배 역할을 함께 해야 나라가 건강해질 수 있을 것이다.

03

공적연금 부실을 방치하는 국가

국민연금법

제1조(목적) 이 법은 국민의 노령, 장애 또는 사망에 대하여 연금급여를 실시함으로써 국민의 생활 안정과 복지 증진에 이바지하는 것을 목적으로 한다.

제2조(관장) 이 법에 따른 **국민연금사업은 보건복지부장관이 맡아 주관한다.**

제3조의2(국가의 책무) 국가는 이 법에 따른 연금급여가 안정적·지속적으로 지급되도록 필요한 시책을 수립·시행하여야 한다.

제4조(국민연금 재정 계산 및 장기재정균형 유지) ① 이 법에 따른 급여 수준과 연금보험료는 **국민연금 재정이 장기적으로 균형을 유지할 수 있도록 조정(調整)되어야** 한다.

국민연금법은 국민연금이 국가가 운영하는 사회보험제도라는 점을 분명히 하고 있다. 그러나 대한민국 정부는 법에 명시된 국민연금에 대한 관리 책임을 제대로 하지 못하고 있다. 국민연금에 대한 여러 문제를 17년 동안 개선하지 못하고 방치하고 있기 때문이다.

국민연금 '불신', 제때 개혁 못한 정부 책임이 99%

앞서서도 강조한 바가 있지만 국민연금의 가장 큰 적은 '저출생 고령화'도 아니고 '연기금의 고갈'도 아니다. 바로 연금제도에 대한 가입자, 국민의 불신이다. 사회보험제도는 신뢰를 바탕으로 유지된다. 국민연금에는 대기업과 중소기업 노동자는 물론 농어민과 자영업자, 경영자와 비정규직 노동자와 주부 등 다양한 계층이 뒤섞여 있다. 100세 노인에서부터 이제 막 태어난 갓난아기까지도 국민연금의 이해당사자가 된다.

그래서 국민연금은 국가가 관장하는 강제보험이다. 너무도 이질적인 가입자들을 한데 묶기 위해 정부의 힘이 필요하다. 국민연금법이 연금사업 책임자로 보건복지부 장관을 지정해 둔 이유다. 그러나 1988년부터 시작한 국민연금의 역사 속에서 정부는 오히려 제도의

불신을 자초한 불성실한 책임자라는 평가가 나온다. 이제 그 이유를
살펴보자.

사건 1. '공자법' 연기금을 마구 갖다 쓴 정부

국민연금 가입자인 국민들이 국민연금을 잘 못 믿는다. 정부가 연
기금을 함부로 갖다 쓴다는 의심을 한다. 그럴 만한 이유가 있다. 국
민연금은 이제 기금운용본부 같은 투자전문기관을 만들어 연기금 적
립금을 전 세계에 투자해 수익을 거두고 있지만 제도 초장기에는 그
렇지 않았다.

1988년 연금제도가 시행한 이후 불어나기 시작한 연기금 적립금
은 공공자금관리법, 이른바 '공자법'에 따라 공공자금에 강제로 예탁
해야 했다. 2000년도에 국민연금 기금 적립금은 모두 60조 원, 이 가
운데 70%가 넘는 43조 원이 공공자금에 예탁되어 있었을 정도로 기
금운용방식이 후진적이었다. 이렇게 공공사업에 투자된 기금은 시중
보다 낮은 이자율을 받아 결과적으로 국민연금이 손해를 입는 결과로
이어졌다.

당시 재정경제원(현 기획재정부)은 1998년부터 2000년 사이 이자
차액으로 국민연금에 2.6조 원의 손실을 입혔다는 분석이 나왔다.* 이
문제로 한국노총은 대대적인 연금 납부 거부 운동을 벌이기도 했고,
당시 심상정 의원이 2004년과 2005년 국정감사를 통해 이를 폭로하
면서 국민적 분노를 샀다.

---

* 국민연금사편찬위원회, 실록 국민의 연금, 국민연금공단 2015

정부는 이제 '연기금은 국민연금 가입자의 몫'이기 때문에 기금이 고갈되더라도 정부가 재정을 투입하는 것은 바람직하지 않다고 주장하고 있다. 하지만 과거 연기금을 자기 돈처럼 먼저 쓴 쪽은 정부였다. 이런 사건은 결국 국민들에게 연금 가입자에게 강제적으로 거둔 돈을 정부가 마음대로 가져다 쓴다는 인식을 국민들 마음에 각인시켰다.

그림11 _ 공공자금관리기금 금리와 국민연금 기금운용수익(단위 : %)

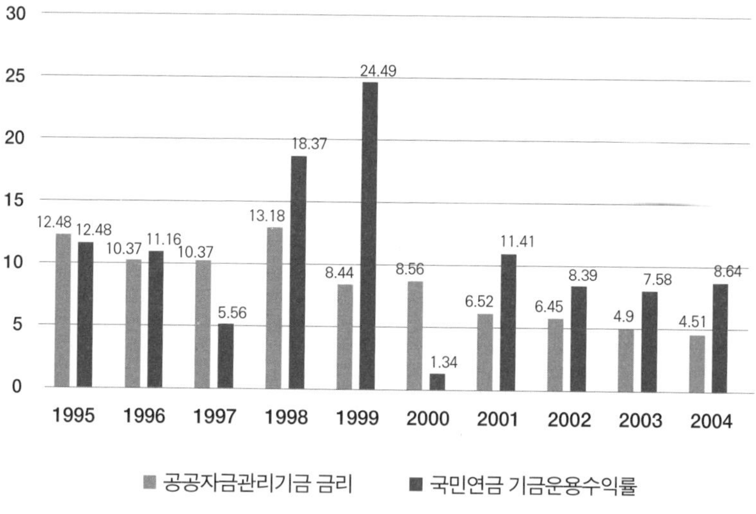

사건 2. 삼성물산 – 제일모직 합병 찬성

국민연금의 기금운용에 대한 불신을 가장 크게 키운 사건은 2015년 구 삼성물산과 제일모직의 합병 때 발생했다. 삼성은 이들 두 기업의 합병을 통해 경영권을 승계하고자 하였다. 이 과정에서 삼성물산의 가격을 매우 낮게 평가하면서 제일모직과의 합병 비율에서 삼성물산이 불리하게 되었다. 그럼에도 삼성물산 주식을 많이 갖고 있던 국민연금은 자신이 보유한 삼성물산에 낮은 가격을 책정한 주주총회에서 찬성했다. 결과적으로 국민연금 자신과 삼성물산 주주에게 불리한 합병 비율을 받아들인 것이다.

뿐만 아니라 삼성물산과 제일모직의 합병 비율을 정하기 두어 달 전부터 국민연금이 보유하고 있는 삼성물산의 가격을 낮추기 위한 노력까지 하였다. 꾸준하게 주식을 매도함으로써, 주주들에게도 실제 피해를 주었을 뿐만 아니라 국민연금 기금 자체의 보유가치도 함께 하락시켰다. 반대로 합병 대상이 되는 제일모직의 주식을 매수하면서 주가를 올려주면서 주가에 거품을 만들어 내기도 하였다. 2022년 대법원에서는 당시 삼성물산의 주가가 너무 낮게 책정되었다고 최종 판결한 바 있다.

국민연금은 이재용 부회장이 삼성그룹을 승계할 수 있도록 도와주면서 국민연금이 작게는 2,000억 원에서 많게는 3,500억 원 규모의 손실을 보게 한 것이다. 이 일로 박근혜 전 대통령이 탄핵되고, 이재용 부회장도 구속된 바 있다. 기금운용에 대한 책임이 있는 문형표 당시 보건복지부 장관과 홍완선 당시 기금운용본부장도 국민연금 의결권에 부당한 영향력을 행사한 혐의로 구속되었다.

국민이 낸 보험료로 구성된 기금을 정부가 마음대로 사용한 이 사건은 또다시 국민연금 가입자들의 분노를 일으키기에 충분했다. 정부가 보험료는 강제로 징수해 가는데 기금이 고갈되면 받지 못할 수도 있다는 불안과, 기금운용은 정부가 마음대로 해서 수익률도 낮다는 선입견이 국민연금 가입자들의 뇌리에 박히게 된 큰 사건이었다.

그동안 정부는 국민연금 기금을 오히려 정부가 원하는 방향으로 사용해 왔지만, 정부재정으로 국민연금을 지원하는 일은 드물었다. 공무원, 군인 등의 직역연금의 적자를 메우기 위해서는 수십조 원의 국민 세금을 쓰면서도 말이다.

사건 3. 연기금 의결권, 정부 낙하산 인사에 사용?

2015년 삼성물산과 제일모직 사건은 정치적으로 친밀한 관계를 가진 민간기업의 경영권 승계를 위해 국민연금이 동원된 사례였다면, 최근 발생한 KT와 관련된 문제는 국민연금을 활용해 민간기업의 인사권에 개입하는 사안이다. 2002년 민영화된 회사로 출범한 KT는 출범 이후부터 정치적 입김으로부터 자유롭지는 못했다.

국민연금은 10%의 주식을 보유한 KT의 1대 주주다. 사실 국민연금이 대주주인 것은 KT가 민영화되면서 특정 기업에 대한 특혜를 없애기 위한 것이었으나, 2023년 초반 KT 대표 이사를 선임하는 과정에서 다소 이해하기 어려운 장면들이 나왔다. 원래는 이사회에서 기존 대표가 연임을 하기로 되어 있었으나, 국민연금의 반대 의사 표명으로 연임을 포기한 것이다. 재계나 주변의 시선은 국민연금의 반대가 연기금의 수익성을 위한 것이 아니라 연기금 의결권을 가지고 민간 기업에 불필요한 영향력을 미치는 것으로 이해한다. 이러한 이유로 한국전력은 먼저 알아서 대표이사를 교체했고, 국민연금은 찬성했다.

정부는 삼성물산-제일모직 합병 이후 국민연금의 의결권을 투명하게 사용하겠다고 수탁자책임위원회를 통한 주주권 행사 등 다양한 조치를 취했지만, 여전히 국민연금의 의결권이 정부 뜻대로 사용되고 있다는 의구심은 계속 이어지고 있다.

최근에 벌어진 이러한 일련의 국민연금 주주권 행사와 관련된 행동들은 국민연금이 유니버셜 오너(한 나라 전체 업종의 주식을 보유한 거대 기관투자가)로서 장기적 주주가치 제고를 위한 국민연금의 수탁자 책임활동보다는 정권으로부터 독립되지 못한 행동으로 보여질 우려가 있다.

사건 4. 2007년 연금개혁의 공과

2007년 노무현 정부는 상당한 수준의 연금개혁을 보여 주었다. 이후 17년 동안 다른 정부들이 못한 연금개혁을 성공시켰다는 점, 지금의 연금개혁 방향이 2007년에 예상했던 위험의 연장선상에 있다는 점에서 한발 빠른 연금개혁이었다는 점은 인정할 수 있다. 그러나 기금고갈을 막는다는 명분으로 소득대체율만 대폭 삭감한 개혁의 후유증은 이후 국민연금에 대한 신뢰를 떨어뜨리는 원인이 되었다. 물론 국회 입법과정에서 일부 정부 개편안이 물거품되면서 개혁 취지가 왜곡된 측면도 있다.

당시 유시민 장관의 보건복지부는 '연기금이 고갈되면 연금을 못 받을 수 있다' 또는 '미래세대는 연금 폭탄을 맞게 된다'는 등의 공포심을 최대한 이용했다. 이런 공포 마케팅은 국민연금을 개혁하는 데 요긴하게 사용됐는지는 몰라도 '국민연금이 망하면 연금을 못 받을 수도 있다'는 생각을 국민들에게 심어 줬다. 이러한 논리는 이후 민간

금융사들에게 좋은 판촉 홍보물이 되었다.

국민연금법상 국민연금의 관리 주체는 보건복지부 장관에게 있다. 그래서 국민연금과 관련된 다양한 정보와 통계 역시 보건복지부가 독점하고 있다. 따라서 그동안 다양한 경로를 통해 국민연금의 제도적 문제점이 드러났지만 이를 개선하지 않은 책임도, 연기금 고갈 등 연금재정에 대한 장기적인 문제점이 확인됐지만 17년째 제도 개혁을 이끌어 내지 못한 책임도 결국 정부에게 있는 셈이다. 국민연금의 가장 큰 적인 불신은 어쩌면 대부분 정부가 스스로 일으켰다는 비판을 받을 만하다.

기금을 쌈짓돈처럼 쓰면서
재정 투입은 안돼?

장면 1

국민연금의 최고의사결정기구인 기금운용위원회. 보건복지부 장관이 위원장이다. 한번 회의를 열면 20여 명의 운용위원과 수행 인원, 기자들까지 수십 명이 모인다. 지금껏 대부분 서울의 특급호텔에서 열렸다. 위원회 공식 참석자에게는 약 30만 원 수준의 회의비가 지급된다.

보건복지부 차관이 위원장인 국민연금 실무평가위원회, 심의위원회 등 각종 위원회 역시 국민연금법에서 정한 보건복지부의 소관 업무를 위해 조직되었고 운영되고 있지만, 이런 비용이 모두 연기금에서 지급된다.

장면 2

보건복지부 장관이 이끌고 있는 국민연금 기금운용위원회의 밑에는 투자정책과 수탁자책임, 위험과 성과보상을 관리하는 3개 전문위원회가 있다. 이곳에는 3명의 상근 전문위원과 이들을 돕는 박사급 전문계약직 직원 6명 등 모두 9명이 일한다. 이들의 소속은 보건복지부의 국민연금재정과이다. 보건복지부의 소관 업무를 담당하는 직원 신분이지만 이들의 급여는 국민연금 기금에서 제공된다.

보건복지부 공고 제2023

민간전문가(전문계약직) 근로자 채용 공고

보건복지부 국민연금재정과에서 근무할 기간제 근로자를 다음과 같이 모집하오니 많은 응모바랍니다.

2023년 7월 7일
보 건 복 지 부 장 관

I 채용내용

가. 채용예정인원 및 담당 업무

○ 채용예정인원

채용형태	채용예정인원	채용기간	근무처
보건복지부 기간제 근로자 (전문계약직)	2명	'23년 9월(예정)~ *채용일로부터 2년	국민연금기금운용 상근전문위원실 (서울 서대문구 소재)

※ 기간의 정함이 있는 근로자 채용으로 기간제법 제4조제1항제5호 및 시행령 제3조제1항 1호에 따른 전문계약직

자신들이 초대한 회의에 참석한 교수에게 지급하는 회의비까지 국민연금 기금을 가져다 쓰는 보건복지부. 국민연금법 제87조는 국민연금공단이 국민연금사업을 관리 운영하는 데에 필요한 비용의 전부 또는 일부를 국가가 부담한다고 되어 있다. 국민연금공단의 모든 경비는 정부가 부담해도 법적으로 문제가 될 게 없다는 뜻이다. 그러나 실제로는 국고를 거의 쓰지 않는다. 오히려 법적으로 보건복지부가 쓸 수 있는 비용까지 연기금에서 쓰고 있다. 연기금 고갈 문제로 국민들의 불안이 상당하지만 정부가 연기금을 아껴주기는커녕 국민의 노후소득을 갉아먹고 있는 셈이다. 일본과 노르웨이는 기금관리비용 전액을 국고로 부담한다.

정부가 국민연금공단의 인건비를 포함한 관리운영비로 지원하는 국고는 연간 100억 원. 국민연금공단의 관리운영비 총액 약 5,500억 원의 1.8%밖에 부담하지 않고 있다. 국민연금이 공적연금인지, 금융회사가 운영하는 사적연금인지 구분이 안 갈 정도로 정부 지원금이 적다고 할 수 있다. 재정 전문가들은 정부가 연금공단에 주는 돈 100억 원은 정부가 공단에 대한 감사권을 갖기 위한 최소한의 지원이라고 지적한다. 정부가 공단에 간섭할 수 있는 권한은 유지하면서 그에 걸맞은 책임은 지지 않겠다는 태도이다.

처음부터 그랬던 것은 아니다. 정부는 국민연금 초창기에는 관리운영비 전액을 국고로 사용했고, 2003년도까지는 전체 국민연금공단 관리운영비의 절반 이상을 국고로 지원해 왔다. 그러나 2004년 이후 국고 비중이 절반 이하로 줄었고, 이명박 정부부터 국고 보조금이 100억 원 수준으로 크게 낮아져 지금까지 유지되고 있다.

가입자 부담이 원칙이라고?
공무원연금에는 아낌없이 예산 쓰는 정부

2020년도 국회 정춘숙 의원은 국민연금공단 관리운영비에서 국고의 비중을 다시 늘리는 법안을 입법화하려고 시도했지만 보건복지부가 사실상 반대했다. 이유는 '사회보험인 국민연금은 가입자부담원칙에 따라 관리운영비를 보험료에서 충당하는 게 바람직하다'는 정부검토 의견을 밝혔다.

이는 정부가 공무원연금에 사용자로서 10조 원의 기여금을 내고

그림12 _ 각국의 공적연금 지출(단위 : %)

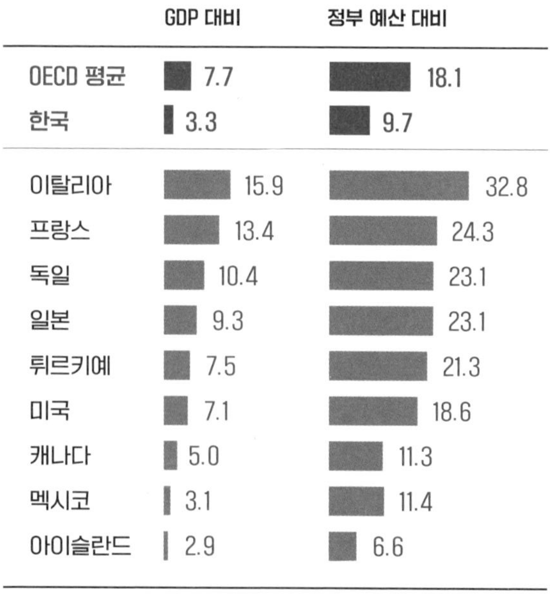

	GDP 대비	정부 예산 대비
OECD 평균	7.7	18.1
한국	3.3	9.7
이탈리아	15.9	32.8
프랑스	13.4	24.3
독일	10.4	23.1
일본	9.3	23.1
튀르키예	7.5	21.3
미국	7.1	18.6
캐나다	5.0	11.3
멕시코	3.1	11.4
아이슬란드	2.9	6.6

출처 _ OECD 보고서 2023

도, 공무원연금의 수지 적자를 메우기 위해 추가로 매년 5조 원이나 되는 국민 혈세를 사용하는 것과는 매우 다른 태도이다.

대부분의 선진국들의 경우, 1년 정부 예산 가운데 연금에 쓰는 예산 비중이 가장 크다. 정부 예산의 20~30%를 쏟아붓는다. 그런데 한국 정부는 연간 예산에서 불과 9.7%를 공적연금에 쓴다(〈그림12〉). 이 돈의 대부분도 기초연금과 공무원연금 등에 쓰고 있을 뿐, 국민연금에는 불과 0.1%밖에 안 쓴다. OECD 국가 가운데 한국은 GDP 대비 노인부양비에도 가장 작은 국가재정을 쓰는 나라다. OECD 평균이 7.7%인데 한국은 3.3%에 불과하다.

OECD, "한국 정부 국민연금에 국가재정 투입해야"

2022년 OECD는 한국정부의 요청으로 국민연금을 분석하고 검토 보고서를 발표했다. OECD는 '한국정부가 국민연금에 국고를 지원할 여력이 충분하다'고 밝혔다. 재미있는 사실은 정부가 국민연금에 돈을 써야 되는 이유인데, 그동안 한국정부가 국민 복지 향상을 위해 국가가 나서서 해야 할 일을 국민연금 가입자에게 떠안겨 왔기 때문이라는 내용이었다.

3.6.6. 소득재분배적 급여 부분에 대한 조세 재원 분담 증대 (OECD 보고서 97쪽)

다른 OECD 국가들과 다르게, 한국 국민연금 재정에서 일반회계의 역할은 매우 제한적이다. (중략) 연금 시스템의 소득재분배적 급여 부분(A값)은 보험료와 일반조세 중 어떤 것도 재원으로 할 수 있다. 국민연금 급여는 이 부분에 대한 재원 부담을 전적으로 현재 또는 과거의 연금보험료로 조성된 국민연금 기금으로 충당하고 있다. 따라서 정책당국은 보험료 외의 수입을 국민연금에 두입시킬 상당한 여유가 있다.

- 국회 보건복지위원회 번역문 발췌

앞장에서 다뤘듯이 국민연금은 소득재분배 기능이 크고, 재분배된 돈이 취약계층의 연금급여를 높이는 데 사용되었기 때문에 정부는 그 정도를 연금재정에 기여할 이유가 충분하다는 것이다. 국민연금에 재정을 투입하지 않는 이유로 '수익자부담원칙'을 주장했는데, OECD는 연금제도로 인해 한국 정부가 '상당한 수익(예산 절감)'을 누리고 있다고 판단한 것이다. 수익자부담원칙에 따라 정부가 재정을 연금에 투입할 필요가 있다는 취지이다.

연금복지를 유리지갑인 월급쟁이한테 모두 떠넘기지 말고 응당 국가가 해야 할 일을 제대로 하라는 뜻이다(당시 보건복지부는 OECD 보고서 내용을 언론에 브리핑했지만 이런 내용은 포함되지 않았다).

정부 시책 '크레딧 제도' 비용도 연기금에 전가

보건복지부는 출산율 제고라는 국가 시책을 위해 만든 출산 크레딧 지원 비용의 70%를 국민연금 기금으로 충당하도록 하고 있고, 일자리를 잃은 노동자를 지원하는 실업 크레딧 지원비용의 25%도 연기금에서 지원하도록 하고 있다. 이는 국민연금 입장에서 모두 부당한 것이다. 국민연금공단이 1,000조 원이나 되는 기금을 가지고 있다는 이유로 정부가 예산으로 써야 할 돈을 마구잡이로 부담시키고 있는 꼴이다. 연금개혁을 제때 하지 않으면 조만간 사라질 돈인데도 말이다.

같은 사회보험인데도 불구하고 건강보험에는 10조 원 넘게 국고를 지원하고 국민연금에는 1조 원밖에 지원하지 않는 이유도 분명하지 않다. 보건복지부가 국민연금을 안전하게 지켜야 할 책임을 망각하고 있거나 의도적으로 국민연금 부실을 방치하고 있다는 의심을 살 만하다.

왜 연금법에 지급보장을 명문화하지 못하나?

국민연금은 기금운용 성과와 상관없이 연금급여가 정해진 확정급여, 즉 DB(Defined Benefit) 방식의 공적연금이다. 그런데 국민연금 가입자는 자신의 연금 수급권이 국가에 의해 보호받고 있다는 것을 인식하고 있으면서도, 여전히 기금운용의 수익률에 민감하게 반응한다. 자칫 기금이 고갈되면 자신이 연금을 받지 못하게 될지도 모른다는 불안감을 갖고 있다고 하겠다.

무엇보다 지금의 「국민연금법」에 의하면 연금 가입자에 대한 국가의 지급 책임이 명시되어 있지 않기 때문이다. 다른 특수직역연금인 공무원연금, 군인연금, 사립학교교직원연금에서 법적으로 명확하게 국가의 지급 책임을 명시하는 것과는 다른 입장이다.

지금까지 오랫동안 여러 시민단체는 물론 심지어 국회에서도 국민연금에 대한 국가 부담을 법에 명시하고자 하는 노력이 있었다. 그러나 그동안 정부는 법에 국민연금 지급에 대한 정부의 책임을 명시하는 것에 대해서는 난색을 표명해 왔다. 자칫 정부가 국민연금 지급에 대한 책임을 명시하게 될 경우, 국가 회계에 미래 연금 급여액이 미적립부채로 확정되면서 국가 재정이 어려워지는 것으로 오인하게 하여 대외 신뢰도가 떨어진다는 것이 주된 이유였다. 하지만 국민연금과 같은 공적연금을 지급하는 것은 당연한 국가의 책임이다. 이러한 국가의 책무에 대해 대부분의 국가에서는 정부재정을 산정하는 데 반영하고 있다. 대외 신뢰도를 이유로 국가가 명시하여야 할 '국민연금 지급을 보장한다'는 책임을 회피하는 것은 설득력이 없다.

그 대신 지급보장을 법적으로 확정하는 순간, 미래 국민연금 재정 안정을 위한 보험료 인상 등이 어려워질 수 있으며, 실제 연금기금의 책임을 현재의 정부에서 직접적으로 감당할 준비가 되어 있지 않은 부문은 시급하게 대비해야 할 과제다. 또한 국민연금의 기금이 고갈될 것이라는 점이 과거 연금개혁에 주요 설득 요인이었으나, 연금급여가 법적으로 보장될 경우 가입자들은 연금개혁의 필요성을 인식하지 못하거나 개혁에 적극적이지 않을 것이라는 걱정에는 어느 정도 이해가 된다.

〈그림13〉에서 나타나듯이 2030년이 되면 국민연금을 제외한 나머지 직역연금들은 모두 적자거나 적자에 가까워진다. 그러나 이들 연

금 가입자들은 그 적자를 걱정하지 않는다. 매년 10조에 가까운 적자가 발생해도 정부가 연금지급을 책임질 것을 믿고 있고, 법으로도 이것이 보장되어 있기 때문이다.

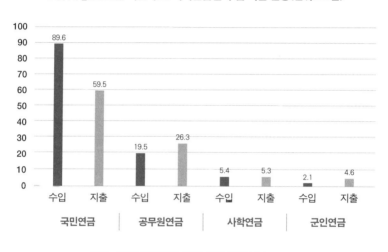

그림13 _ 2030년 기준 주요 직역연금별 수입 지출 전망(단위: 조 원)

출처 _ 국회예산정책처, 사회보장정책분석 II (2020.6)

주인 없는 국민연금개혁 : 공무원과 교수의 한계

보험료 3%, 수급개시연령 60세, 소득대체율 70%, 1988년 시작된 국민연금제도의 모습이다. 3%의 보험료로 소득대체율 70%를 달성한다는 것은 당시에도 불가능한 수치였다. 다만 난생처음 연금제라는 걸 도입한 국민들이 강제로 거두는 연금보험료를 세금처럼 인식했기 때문에 제도의 안착을 위해 일정 부분 당근책도 필요했던 것으로 알려져 있다.

하지만 은행 이자율이 10%나 되었던 시대이고, 정관수술을 받으면 예비군 훈련을 빼줄 정도로 인구 저감 대책을 세웠던 시대였다. 지금과 같은 초저출생의 사회가 펼쳐질지도, 0%에 가까운 금리라는 게 가능한지도 전혀 몰랐을 것이다. 국민연금과 같은 사회보험제도가 시대 환경에 맞게 꾸준히 개편을 해야 하는 이유다.

어찌 됐든 2007년 국민연금개혁 이후 네 차례(2차~5차)의 재정추계가 시행됐다. 그때마다 각종 위원회가 만들어져 국민연금개혁의 필요성이 크다고 한 목소리를 냈다. 그러나 개혁은 없었다. 2023년 역시 5년에 한 번 재정추계 하고 제도를 개편해야 하는 해이지만, 국민연금은 17년째 한발자국도 나아가지 못하고 있는 것이 현실이다.

연금개혁은 왜 어려운가? 보험료를 올리면 국민들이 반발하여 정부 지지율이 떨어지기 때문일까? 아니다. 연금개혁을 힘들게 만드는 원인 중에는 정부의 무책임과 함께 개혁안을 만드는 전문가 집단의 문제가 한몫 한다.

연금개혁 논의에 단골로 참여하는 전문가는 크게 두 부류다. 소위 재정안정론자와 소득보장론자이다. 정치적으로는 재정안정론자가 보수, 소득보장론자가 진보 쪽으로 분류되기도 한다. 재정안정과 보장성 강화 사이에서 균형점을 찾으려는 전문가도 없지는 않지만 동조하는 세력이 없기 때문에 위원회 내에서 그 목소리는 묻히게 마련이고, 자기 편이 없으니 다음 개혁 논의 때에는 다시 초대받지 못한다. 제 편이 없으면 연금개혁의 장에서 오래 남아 있지 못하는 구조이다.

연금개혁 : 재정안정론자와 소득보장론자의 대화

💬 **재정안정론자:**

2007년의 개혁 이후 여전히 연금의 재정적 지속가능성을 확보하지 못했고 이 문제를 최우선적으로 해결해야 합니다. 보험료를 인상하고 수급액을 삭감하고, 수급개시연령을 늦춰야 합니다. 더 내고, 덜 받고, 늦게 받는 개혁을 하지 않으면 재정안정은 불가능합니다. 사회보험은 수익자부담원칙이 중요한데 정부가 재정을 투입하는 건 바람직하지 않죠. 기금을 최대한 오래 유지해야 후세대 부담이 줄어듭니다.

💬 **소득보장론자:**

2007년 개혁으로 소득대체율을 40%로 낮췄는데 실질 소득대체율은 25%밖에 안 됩니다. 이 정도로는 노후소득이 보장되지 않아요. 국제기준에도 맞지 않으니 이를 다시 끌어올려 합니다. 국민연금은 세대 간 연대에 기반한 사회보험이므로 기금의 존재는 필수적인 게 아니에요. 현재 경제활동을 하는 세대가 노인세대를 부양하는 것이 연금의 근본적인 원리입니다. 고령화 저출생으로 당장 보험료를 올려야 하지만 함께 소득대체율도 적정한 수준으로 끌어올려야 합니다. 기금이 고갈되면 그에 맞춰 보험료를 인상하고 재정투입도 해야 합니다.

💬 **재정안정론자:**

보장성강화론자의 주장은 지나치게 낙관적인 전망에 기반하고 있어서 현실적으로 될 수 없습니다. 결국 후세대에 너무 큰 부담을 넘기는 것입니다.

💬 **소득보장론자:**

현 세대의 노후보장을 당장 강화하되, 기금이 남아 있는 향후 30년 간 사회개혁을 실시해 후세대의 경제적 역량을 강화한다면 기금고 갈 이후에도 충분히 연금제를 유지할 수 있습니다.

💬 **재정안정론자:**

소득보장론의 낙관적인 미래가 달성될 수 있다는 구체적인 이론적, 실증적 근거가 없어요. 소득보장본자들의 주장을 그대로 따랐다가 그들이 주장했던 미래가 오지 않으면 후세대의 부담이 너무 커져서 제도가 지속불가능해질 텐데 그때는 어떻게 할 겁니까? 이미 40% 소득대체율을 감당하기도 버거운데 소득대체율 추가인상은 절대 불가능합니다.

💬 **소득보장론자:**

재정안정론자는 국민연금의 원래 취지인 노후소득 보장 기능을 훼손하고 공포 마케팅을 통해 숫자를 맞추는 것에만 몰두하고 있습니다. 연금 가입기간이 현실적으로 25-30년에 불과해 실질 소득대체율은 국민연금이 성숙해도 30%도 안 되기 때문에 이대로 가면 노후빈곤 문제가 해결될 수 없습니다.

국민은 애가 타는데…진영 논리에 빠진 공론의 장

시간이 갈수록 전문가 집단은 재정안정론자와 보장성강화론자 양쪽으로 분화되고, 2007년 이후 17년 동안의 개혁논의 과정에서 평행선을 달리며 공고해졌다. 이제는 한발 더 나아가 학문적으로 상대 진영에 대한 감정의 골마저 깊어졌다. 충분히 합의가 가능한 안건도 단일안이 아닌 두 개 이상의 복수안으로 나오기 일쑤고, 우리 진영의 논리를 강화하는 것만큼이나 상대 진영 주장에 대한 공격 논리를 만드는 것이 중요해졌다.

2023년에 종료된 제5차 재정계산위원회 활동은 갈등이 극으로 치닫는 모습을 보여 줬다. 위원회 안에서 소득보장론을 주장하는 위원 2명이 위원직을 사퇴하는 일까지 벌어졌다. 이들은 재정계산위 보고서와 다른 내용을 담은 대안보고서를 내기도 했다. 알 만한 사람들은 이미 알았던 상황이긴 하지만 일반 국민들에게 연금전문가란 집단이 두 부류로 나눠져 있다는 사실을 각인시켜 준 사건이었다.

국민연금개혁을 위해 모인 전문가들이 국민적으로 합의가 가능할 만한 개혁안을 만드는 게 아니라 전혀 상반된 입장을 내놓으니 국민들은 헷갈릴 수밖에 없다. 정작 책임이 있는 정부는 뒤로 한발 빠져 있고, 국회는 여야로 갈려 팽팽한 줄다리기를 하니 국민들의 생각도 양쪽으로 갈리는 형국이다. 그런데 대부분 대학 교수들로 이루어진 이런 전문가들 역시 국민연금과는 관련 없는 사학연금 가입자들이 대부분이다.

여기서 다시 정부의 역할을 생각해 보게 된다. 전문가 집단은 의사결정권자가 아니며, 연금개혁 방안을 국민들이 이해하기 편하게 몇 가지 시나리오로 정리해 주면 되는 것일 수도 있다. 이를 통해 최종 결정은 국민 또는 국민을 대신해 국회가 하는 것이 맞고, 그런 사회적 토론의 장을 마련하고 학자들의 논리를 실현가능한 정책으로 정리해 내놓는 것이 정부의 책무이다.

그러나 지금의 문제는 전문가도 국회도 정부도 제 역할을 다하지 못하는 데 있다. 국민연금법상 책임자인 정부는 욕을 먹더라도 양측 주장의 장점을 최대한 반영한 안을 만들어 이해당사자인 국민들을 설득해야 하지만 아타깝게도 그런 일은 2007년 이후 한 번도 없었다.

반대로 국민연금개혁에는 국민연금 가입자를 찾아보기 힘들다. 연금개혁을 위한 공론장 대부분을 국민연금 가입자가 아닌 정부 관료와 교수들이 차지하고 있기 때문이다.

2023년 연금개혁을 위해 비슷한 조직들이 만들어져 있다. 국민연금 관련 4대 주요 위원회(국회 연금특위, 민간자문위원회, 기금운용위원회, 재정계산위원회)의 위원장 4명 중에 국민연금 가입자는 한 명도 없다. 각각 공무원연금 가입자 2명, 사학연금 가입자 2명이다. 4대 위원회의 위원들은 총 68명인데 이 중 국민연금 가입자는 정확하게 50%인 34명에 불과했다. 이 가운데 국민 대표로 참여하고 있는 국회 연금특위 위원들 13명을 제외하면, 나머지 55명 위원 중에 국민연금 가입자는 23명으로 절반에 못 미친다. 현 국민연금공단 이사장도 공무원연금 가입자이다.

그림14 _ 국민연금개혁의 역사

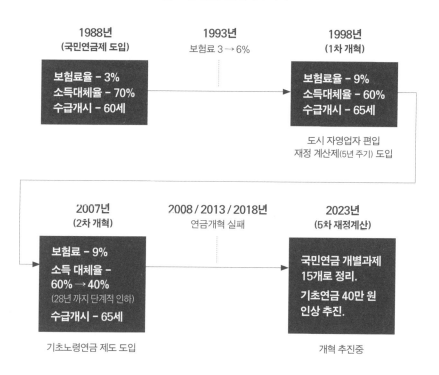

1988년
(국민연금제 도입)

보험료율 – 3%
소득대체율 – 70%
수급개시 – 60세

1993년
보험료 3 → 6%

1998년
(1차 개혁)

보험료율 – 9%
소득대체율 – 60%
수급개시 – 65세

도시 자영업자 편입
재정 계산제(5년 주기) 도입

2007년
(2차 개혁)

보험료 – 9%
소득 대체율 –
60% → 40%
(28년 까지 단계적 인하)
수급개시 – 65세

기초노령연금 제도 도입

2008 / 2013 / 2018년
연금개혁 실패

2023년
(5차 재정계산)

국민연금 개별과제
15개로 정리.
기초연금 40만 원
인상 추진.

개혁 추진중

국민연금과 비교하면 공무원연금개혁은 '셀프개혁'

공무원과 군인, 사학연금 등 3대 직역연금의 경우 2015년에 상당한 개혁이 된 것으로 알려져 있다. 공무원연금을 개혁하게 된 가장 큰 이유는 공무원연금이 국민연금보다 조건이 훨씬 좋은데도 불구하고 그런 연금의 적자를 메우기 위해 국민 세금이 수십조 원씩 들어가고 있었기 때문이다. 당시 개혁이 되었지만 직역연금에 앞으로도 계속해서 엄청난 세금이 들어가야 하는 상황은 바뀌지 않았다.

당시도 지금처럼 공무원연금개혁을 위해 국회에 연금개혁 특위가 생겼고, 국민대타협기구라는 이름의 협의체가 만들어졌다. 그러나 대타협기구의 구성원을 보면 국민연금과는 전혀 딴판임을 알 수 있다. 개혁 대상은 3대 직역(공무원, 군인, 사학) 연금인데, 참여자 대부분이 공무원과 교수였다. 연금을 깎자는 정부나 연금을 지키려는 가입자나 전문가로 나선 교수나 거의 모두가 자신들이 받을 연금을 논하고 있는 것이다. 국회 연금특위 위원장을 맡았던 주호영 의원도 판사 출신으로 공무원연금 대상자였다.

당시 공무원연금은 꽤 의미 있는 성과도 있지만, '눈 가리고 아웅'식의 개혁도 있었다. 그때까지 14%였던 공무원연금 보험료율을 18%로 4%p 올린 것이다. 보험료를 올렸으니 연금 적자 폭은 일부 줄었을 것이다. 그러나 4%p 올라간 보험료 가운데 2%p는 사용자인 정부가 부담하는 것이다. 결국 정부예산 부담이 커진 것이다. 공무원들은 자신들의 보험료가 국민연금보다 두 배나 많기 때문에 많은 연금을 받는 것이라고 주장하지만, 보험료 18%의 절반인 9%를 정부가 부담하는 것이라는 사실은 이야기하지 않는다.

셀프개혁이었던 공무원연금개혁과 달리, 국민연금개혁의 장에는 '국민연금을 받는 국민'의 목소리가 거의 들어가지 못하고 있다.

〈2015년 공무원연금개혁 주요 구성원〉

```
        공무원연금개혁을 위한
          국민대타협기구
```

여당 지명 위원	정부 지명 위원	가입자 단체 지명 위원	야당 지명 위원
조원진 국회의원 김현숙 국회의원 김태일 교수 김용하 교수 양준모 교수 김상호 교수	김동원 교육부 실장 김성렬 행정자치부 실장 이태한 보건복지부 실장 김승호 인사혁신처 차장	안양옥 교총 회장 류영록 대한 공무원 노조 총연맹 김명환 전국우정노조 김성광 전국공무원노조	강기정 국회의원 김성주 국회의원 김연명 교수 이병훈 교수 정용건 연금행동위원장 정재철 연구위원

※5명(파란색) 위원만 국민연금 가입자, 나머지는 공무원사학연금 가입자

〈2023년 국민연금개혁 주요 구성원〉

기구	위원장	가입연금
국회 연금개혁특별위원회	주호영	공무원연금
국회 민간자문위원회	김연명 김용하	사학연금 사학연금
국민연금 기금운용위원회	조규홍	공무원연금
국민연금 심의위원회	이기일	공무원연금
보건복지부 재정계산위원회	김용하	사학연금
보건복지부 재정추계위원회	전병목	국민연금
보건복지부 기금운용발전위원회	박영석	사학연금

* 국민연금공단 김태현 이사장(공무원연금)
* 국민연금연구원 권문일 원장(사학연금)

25년째 9%…
보험료 못 올리는 불편한 진실

조금 이상하게 들릴지 모르겠지만, 국민연금은 1988년 제도가 도입된 때부터 개혁을 예정하고 있었다. 최초 설계는 보험료 3%에 소득대체율 70%라는 다소 불가능한 연금을 약속했기 때문이다. 1998년 국민연금 보험료는 9%로 오른 뒤 26년째 동결됐다. 재정안정론자와 소득보장론자를 막론하고 연금개혁 논의 때마다 국민연금의 보험료(기여율)를 올려야 한다는 점에서는 일치하고 있다. 국제적으로도 국민연금은 보험료와 소득대체율이 모두 낮다는 평가가 나와 있다.

두 번째이자 마지막 연금개혁이었던 2007년에도 이미 정부는 보험료를 점진적으로 올려 15.9%로 인상하고, 소득대체율은 반대로 50%까지 낮추는 안을 국회에 제출했다. 그러나 입법과정에서 상당한 진통을 겪은 끝에 보험료는 그대로 두고 소득대체율만 40%까지 대폭 낮추는 결론에 이르렀다. 보험료 인상을 통해 소득보장과 재정안정의 균형을 꾀하는 대신 소득대체율만 깎아 재정안정에 치우진 연금개혁을 하게 됐다. 대신 지금의 기초연금에 해당하는 기초노령연금을 지급하는 데 합의하면서 불안전한 연금개혁의 문제점을 대충 덮어버린 셈이다.

월급쟁이에겐 보험료 인상이 유리한데…

대부분의 사람들은 연금보험료를 올린다고 하면 가입자들이 부담이 커지기 때문에 반대할 것이라고 생각하지만 실상은 그렇지 않다.

이는 보험료를 전액 본인이 부담해야 하는 자영업자에게만 해당되는 얘기다. 이 역시 내는 돈에 비해 나중에 받는 돈이 더 크다고 한다면 꼭 반대할 일은 아니다. 연금제도가 계속 나에게 불리하게 개혁될 것이란 불신감이 마음 한쪽에 자리잡고 있어서일 뿐, 평균수명까지만 산다면 국민연금의 수익률은 그 어떤 재테크보다 월등한 수준이기 때문이다.

특히 본인이 직장가입자라면, 보험료 인상은 두 팔 벌려 환영할 일이다. 설사 내는 돈과 받는 돈이 똑같다고 하더라도 말이다. 왜냐하면 인상된 보험료의 절반은 고용주인 회사가 내주기 때문이다. 만약 보험료가 4%p가 인상된다고 하면 이 중 2%는 회사가 부담하기 때문에, 노동자의 경우 앉은 자리에서 본인 급여가 최소한 2%p 인상되는 효과가 생긴다. 연금급여는 물가상승률을 반영한다. 따라서 이렇게 올린 보험료가 은퇴 이후 나의 노후소득을 높여 준다면 큰 이득을 보는 셈이다. 지금의 국민연금 수익비가 그대로 유지된다면 그야말로 가장 훌륭한 재테크가 되는 셈이다.

자영업자에게도 나쁘지 않은 보험료 인상

회사가 보험료의 절반을 내주는 근로자들과 달리 연금보험료의 100%를 본인이 내야 하는 자영업자에게는 보험료를 올리는 게 큰 부담이 될 것이다. 적든 많든 먼 미래를 위해 보험료를 내거나 적금을 붓거나 하는 지출은 모두에게 부담이다. 다만 그렇게 하는 게 더 나은 미래를 가져올 것이라는 믿음 때문에 지금 허리띠를 졸라매는 것이다.

반면 국민연금 통계치를 보면 보험료를 100% 자기가 부담하는 자영업자들도 보험료를 올리는 게 나쁘지 않을 것이란 사실을 알려준다. 왜냐하면 일부 고소득 자영업자를 제외하고 대부분의 자영업자들이 국민연금의 가입자 평균 월소득(A값)보다 훨씬 낮게 보험료를 내고 있기 때문이다. 대략 월소득 100~200만 원 수준에서 보험료를 내고 있다.

국민연금의 소득재분배 기능 때문에 월소득이 평균 이하인 가입자는 훨씬 수익률이 높기 때문이다. 보험료를 적게 내는(저소득층으로 간주) 가입자의 경우 수익률이 2~3배로 상승한다. 예를 들어 월소득이 전체 평균과 똑같은 사람 A가 있다고 가정하자. A의 소득대체율은 30%이다. A보다 소득이 2배 많은 사람(고소득자)의 소득대체율은 18.8%로 떨어진다. 반대로 A보다 소득이 1/2밖에 안 되는 사람(저소득자)의 소득대체율은 OECD 기준 47.6%나 된다. 앞서 나왔던 국민연금의 소득재분배 기능 때문인데 고소득자보다 2배 이상 소득대체율이 높은 셈이다.

국민연금 전체 가입자의 약 75%가 평균소득자보다 낮은 보험료를 낸다. 대부분의 자영업자들도 이 구간에 있다. 이들이 설사 100%를 자기 돈으로 보험료를 내더라도 이 정도의 수익률이 보장된다면 더 못 내는 걸 아쉬워하는 게 맞지 않을까?

경영계의 반대가 보험료 인상을 막는 가장 큰 걸림돌

보험료가 9%로 묶인 채 25년이 흐른 지금, 소득보장론자든 재정안정론자든 국민연금개혁 방향에서 일치하는 한 가지가 있다. 바로 보험료 인상이다. 보험료를 소폭이라도 올리지 않고서는 그 어떤 개혁

조치도 국민연금의 지속가능성을 높여 주지 못하기 때문이다. 소득대체율을 더 이상 깎기도 힘들다는 게 양측의 공통적인 견해이다. 현재 국민연금의 실질 소득대체율이 30% 미만이기 때문이다. 대신 재정안정론자들은 수급개시연령을 늦추자는 주장을 하고 있고, 소득보장론자들은 오히려 '용돈연금'인 현재의 국민연금 소득대체율을 다시 50% 수준으로 올려야 노인빈곤 문제를 해결할 수 있다는 입장이다.

노후소득의 안정을 위해서도 또는 미래세대의 부담을 덜어주기 위해서도 보험료 인상은 불가피한 선택이다. 그러나 연금개혁 논의의 장에서 재계의 입장은 단호하다. 단 1%p의 보험료 인상도 동의하기 힘들다는 것이다. 국민연금을 비롯해 건강보험과 고용보험, 퇴직금 충당금 등 기업의 고용 부담금이 한계에 다다랐다고 볼멘소리를 한다. 실제로 많은 중소기업과 소상공인들이 느끼는 4대 보험금 부담은 만만치 않은 게 현실이다.

이들이 직원을 한번 고용할 때마다 약속된 급여 외에 8.33%의 퇴직연금 적립금, 3.545%의 건강보험료(7.09%의 절반), 0.9% 고용보험료(1.8%의 절반) 등등 급여의 약 15%에 달하는 추가비용을 사업주가 부담하게 된다. 고용주는 건강보험료 분담금도 증가한 상태에서 사업주에게 전혀 혜택이 없는 국민연금 부담마저 인상하려는 것은 받아들이기 어렵다고 주장하고 있다.

결국 정부가 나서야 한다. 기업 눈치를 보느라고 전 국민의 노후를 불안에 빠트린다면 이는 국민을 위한 정부라고 할 수 없을 것이다. 4대 보험금이나 조세제도 같은 구조개혁을 통해서라도 국민연금에 대한 기업 부담을 늘리도록 하던지, 아니면 정부가 재정을 투입해 현행

'두루누리 사업'처럼 열악한 중소기업의 보험료 부담을 덜어주는 정책을 넓히든지, 어떤 방법을 써서든 국민연금 보험료를 하루 속히 올려야 한다. 베이비 붐 세대가 다 은퇴하기 전에 보험료를 조금이라도 올리지 못한다면 앞으로 어떤 연금개혁을 하더라도 세대 간 불평등과 연기금 재정의 고갈문제를 해결하기는 힘들기 때문이다.

천만 명 넘는 연금 사각지대, 국가의 존재와 헌법 가치

국민연금은 소득이 낮은 사람에게 더 높은 소득대체율을 보장하기 때문에 저소득층에 절대적으로 유리한 제도인 게 사실이고 이는 국민연금의 장점이다. 그러나 이는 연금에 가입했을 때 얘기다. 오히려 상당수의 저소득층이 연금혜택을 못 받는 사각지대에 남아 있다.

실제 국민연금 가입자들은 정규직 근로자, 소득이 있는 자영업자들은 우리 사회에서 먹고 살 만한 계층이다. 이들은 시중 금융상품보다 훨씬 조건이 좋은 국민연금을 받게 된다. 그러나 사회보험이 꼭 필요한 저소득, 비정규직 노동자들은 보험료를 내지 못하거나 가입기간이 짧아 국민연금을 못 받을 위험이 다른 계층에 비해 매우 높다. 오히려 필요한 사람들이 연금을 못 받게 되는 모순이 발생하는 것이다.

1988년 국민연금제도를 도입할 당시에도 사각지대는 고려대상이 아니었다. 보험료를 납부하지 못하는 저소득층과 실업자 등은 관심 밖이었으며, 자영업자들에 대한 부분도 크게 관심을 두지 않았다.

1998년 1차 연금개혁을 통해 국민연금은 공무원과 교원, 군인 등 별도의 직역연금 가입자를 제외하고 사실상 전 국민으로 확대됐다. IMF 이후 확대된 불평등이 노후로 연장되지 않도록 다양한 가입자를 공적연금의 틀 안으로 끌어들인 것이다.

그러나 당시 1천만 명이 넘는 도시지역 자영업자에 대한 소득 파악이 제대로 이루어지지 못한 상황에서 전 국민으로 국민연금 확대 정책이 시작되었다는 점이 문제였다. 도시지역 가입자 중에서 절반 이상이 보험료를 내지 않아도 되는 납부예외자가 된 것이다. 2023년 5월 말 기준 약 660만 명의 지역 가입자 중에서 약 45%에 달하는 300만 명이 납부예외자이다. 나머지 납부자들 중에서도 약 70%의 가입자(250여만 명)가 월 130만 원 이하 소득자로 신고해 보험금을 납부하고 있다. 여기에 자영업자로 파악조차 되지 못한 실업자나 일용직 노동자, 저소득자 등을 고려한다면, 실제 천만 명 이상이 사각지대에 있는 사람들이다.

실제 2022년 12월 기준 18~59세 인구 약 2,980만 명 중 국민연금 가입대상인 경제활동인구는 2,270만 명으로 발표되었다. 이 중 비경제활동인구는 710만 명이고, 경제활동인구 중에도 국민연금 납부예외자 300만 명과 연금보험료 장기체납자 100만여 명이 있다. 이들의 수만 합쳐도 천만 명이 훌쩍 넘는다. 현재 경제활동인구 중 약 40%가 넘는 인구가 노후에 법적으로 또는 사실상 국민연금제도의 혜택을 받지 못할 것이다.

상대적으로 안정된 고용과 임금을 보장받을 수 있는 노동자를 중심으로 제도화된 국민연금은 비정규직과 영세자영업자의 절대 다수를 사각지대에 방치하고 있다. 이러한 사각지대로 인해 공적연금을 통한 전 국민 연금시대는 영원히 오지 않을 수도 있다.

노후에 대한 국가의 존재와 헌법적 가치

인류 문명의 시작은 학자들마다 여러 의견들이 있으나, 이를 고대 인류 조상인 호미니드 유골에서 찾는 학자들이 있다. 유골에 부러졌다가 붙은 뼈를 보고, 당시 인류가 다친 약자를 보살핀 사건을 문명의 시작으로 보기도 한다. 이와 같이 약자에 대한 보호는 문명 공동체의 기본으로 인식되고 있다. 최근 회자되는 침팬지 집단에 대한 이야기에서도 우두머리 침팬지는 소위 약자를 보호하는 '보안관 행동'을 함으로써 공동체와 자신의 지위를 유지하고 있다는 연구 결과가 나왔다.

약자에 대한 보호는 공동체의 핵심이다. 고대국가로부터 근대를 거쳐 현대로 오면서 이 공동체 구성에 대한 사항들이 법적으로 정교화되었을 뿐이다. 야경국가시대에도 노인 등 약자에 대한 보호는 있었다. 그리고 사회보장은 현대국가의 핵심적 과제를 넘어 국가의 기본적인 책무로 법에 명시되었다.

우리나라 헌법은 기본적으로 자본주의 시장경제를 바탕으로 하고 있다. 하지만 시장경제에서 필연적으로 나타나는 수요와 공급의 불균형으로 시장경제 자체는 항상 위협에 노출되어 있는 것도 사실이다. 그리고 국가는 이러한 위협을 제거하기 위해 헌법적 가치에 기반하여 불균형을 수정하려는 노력을 해왔다. 사회문제가 발생하기 때문에 국가에게는 이를 해결해야 하는 의무가 있다.

그리고 대한민국 헌법은 국가에게 적어도 모든 국민들에게 최저생활에 대한 보장, 질병·재해·노령 등 사회적 위협으로부터 국민을 보호하고 사회적 평등을 도모할 의무를 지키라고 명시하고 있다.

우리나라 헌법에서는 인간다운 생활을 할 권리에 대해, 입법부와 행정부가 국민소득, 국가의 재정 능력과 정책 등을 고려하여 모든 국민이 물질적인 최저 생활을 넘어 가능한 범위 안에서 최대한 인간의 존엄성에 맞는 건강하고 문화적인 생활을 누릴 수 있도록 해야 한다고 분명히 말하고 있다(94헌마33, 생계보호기준 위헌 확인). 즉, 입법부나 행정부가 국민들이 인간다운 생활을 영위할 수 있도록 필요한 조치를 다하였는지를 헌법은 보아야 한다는 것이다.

국가의 사회보장은 사회적 위험을 보호하여 국민의 일상적 생활을 보호하기 위한 것이다. 우리나라 헌법의 기본원리이기도 하다. 특히 국민연금과 같은 공적연금은 이러한 사회적 문제를 해결하는 것뿐만 아니라 일정기간 노동을 행한 노인은 은퇴생활을 향유할 수 있어야 한다는 사회적 합의도 포함하고 있다. 이는 현재 일하고 있는 계층에게도 자신의 미래에 대해 안심할 수 있는 위안을 주기 때문이기도 하다.

공적연금은 가장 큰 사회보장제도다. 지금 정부나 국회가 국민연금에 부여된 헌법적 가치를 제대로 지키고 있는지 되묻지 않을 수 없다.

04

연금은 세상을 바꾼다

OECD 연금 보고서를 보면 상당수 나라가 정부 예산 가운데 가장 많은 액수를 공적 연금에 쓰고 있다는 사실을 알 수 있다. 연금이 사회에 미치는 영향이 그만큼 크고 중요하기 때문일 것이다.

공적연금을 협소하게 해석하면 은퇴자들에게 주는 월급 즉 노후소득이지만, 크게는 불확실한 미래를 예측가능한 모습으로 바꿔 주는 국가의 약속이며, 같은 나라에 사는 국민들에게 공동체임을 알려주는 의식과 같은 것이다. 연금제도가 어떻게 굴러가는지를 보면 그 나라의 국격이 엿보인다.

동방예의지국은 옛말,
프랑스가 서방예의지국

전 세계인들이 가장 사랑하는 도시 프랑스 파리. 문화와 예술의 도시로 유명한 파리 시내 곳곳에는 명품 상점과 고급 식당이 즐비해 유럽에서 가장 사치스러운 도시로 정평이 나 있다. 그러나 이런 모습은 상당 부분 관광객들에 의해 만들어지는 모습이고, 실제 파리에 사는 시민들의 모습은 상당히 검소한 편이다. 사실 유럽 대부분의 나라가 비슷하다.

우리보다 높은 세금을 내는 유럽의 직장인들은 한국의 직장인들보다 낡은 자동차를 타고 외식도 덜하는 것 같다. 연봉이 많더라도 실제 쓸 수 있는 돈, 유식한 말로 가처분소득이 우리보다 떨어지는 나라가 대부분이다.

정부도 돈이 없어 보이긴 마찬가지이다. 오래된 도시 모습이 프랑스 파리의 매력이긴 하지만, 낡은 지하철과 여기저기 파손된 채 이용되고 있는 도로와 터널들, 수십 년은 더 돼보이는 낡은 놀이터 같은 공공시설물들을 보면 이 나라가 '선진국이 맞나?'라는 착각이 들 정도다. 국가 GDP로 보나 1인당 GDP로 보나 한국보다 잘사는 나라가 분명하지만, 그 많은 세금을 어디다 쓰는지 길거리만 돌아봐서는 도무지 알 수가 없다. 결론부터 말하자면 국민도 정부도 어마어마한 규모의 돈을 공적연금에 쓰고 있기 때문이다.

표5 _ 한국과 프랑스의 연금 비교

	한국	프랑스	OECD 평균
기여율(보험료)	9% (노동자 4.5 / 고용주 4.5)	27.8% (노동자 11.3 / 고용주 16.5)	18.2%
소득대체율	31.2%	57.6%	54.8%
수급개시연령	65세	65세	66.3세
노인부양 공공지출 (GDP 대비)	3.6%	14.5%	7.7%
정부 지출에서 연금 부담 비율	9.7%	24.3%	18.1%
공적연금 적립금 (GDP 대비 적립률)	7,146억 달러 (41.9%)	950억 달러 (3.4%)	6조 3,689억 달러 (11.7%)
노인빈곤율 (65세 이상)	40.4%	4.4%	14.2%

출처 _ OECD 연금보고서 2023

프랑스의 공적연금 국고 투입, 한국의 10배

프랑스의 노인빈곤율은 불과 4.4%로 OECD 국가 중 가장 낮다. 이미 부과식으로 전환된 프랑스 공적연금은 노동자 평균소득에서 27.8%(노동자 11.3% 사용자 16.5%)를 보험료로 떼고, 평균소득의 약 60%를 퇴직 후 연금으로 지급한다. 은퇴를 하면 세금이 적어지고 교통비 등을 포함해 각종 노인 할인요금 혜택을 받기 때문에 60%의 소득대체율을 받는다는 것은 퇴직 후의 소득이 퇴직 전과 거의 똑같다는 뜻이다.

그럼 프랑스의 높은 소득대체율은 높은 보험료 때문에 비롯된 것일까? 절반만 맞고 절반은 틀리다. 공적연금 가입자가 27.8%나 되는 보험료를 내는데도 불구하고, 프랑스 정부는 2019년 기준 노인부양비로 GDP의 13.4%를 쓰고 있다. 같은 해 연간 정부 예산의 약 24.3%를 공적연금 재정으로 지출하고 있다. 한국의 경우 GDP의 3.3%(정부 재정 대비 9.7%)만을 노인부양비로 사용한다. 프랑스 국민들은 공적연금 보험료를 한국보다 3배 많이 내는데, 프랑스 정부가 다시 한국보다 7배나 많은 노인부양비를 쓰는 셈이다. 프랑스의 노인빈곤율이 한국보다 10배나 적은 이유는 그만큼 많은 재정을 노인들에게 쓰기 때문이다.

그렇다면 정부 예산의 1/4에 가까운 돈을 어떻게 연금재정에 투입한다는 것일까? 프랑스 정부는 아이를 키우는 부모에게, 일자리를 잃은 노동자에게, 몸이 아프거나 장애를 겪는 사람에게, 그들이 내야 할 연금보험료를 정부가 대신 내준다. 특히 양육 크레딧제도를 통해 둘째아이까지는 부모에게 자녀 1명당 2년치의 연금보험료를 정부가 대신 내주고, 아이를 3명 낳은 부모에게는 연금액을 10% 올려주는 제도까지 가지고 있다.

프랑스에선 아이를 셋 이상 낳으면 부모가 일을 안 해도 먹고 살 수 있다는 얘기가 나올 정도로 각종 재정지원을 해준다. 한때 세계 최저 출산율을 기록했던 프랑스의 합계출산율이 2.0명을 넘어설 정도로 극적인 반전에 성공한 이유도 연금제도를 포함해 어린이를 양육하는 부모에게 확실한 혜택을 준 것이 주효했다는 평가가 나온다. 이런 재원은 모두 정부재정에서 나온 것이다. 이처럼 정부재징이 연금제에 투입되는 방식은 이 돈이 단순히 노인들만을 위한 것이 아니라 청년 세대와 여성, 특히 출산율을 높이기 위한 수단으로 사용되고 있음을 알 수 있다.

프랑스의 노인빈곤율이 4.4%라는 뜻은 프랑스 노인들이 충분한 노후소득을 공적연금을 통해 확보했을 뿐만 아니라 이런 제도의 혜택이 거의 모든 국민에게 골고루 돌아가고 있다는 것이다. 프랑스에서 정부와 기업, 노동자, 그리고 아직 사회에 진출하지 않은 젊은 세대까지 엄청난 사회적 비용을 감당하며 높은 소득대체율의 연금제를 유지해가고 있다는 사실, 그리고도 아직 프랑스란 국가가 망하지 않았다는 사실은 분명하다.

세계가 주목한 프랑스 연금개혁…
그러나 배울 게 없었던 국민연금

2023년 초 프랑스 마크롱 대통령은 연금계에서 큰 주목을 받았다. 프랑스 연금개혁 때문이다. 화염병이 등장한 대규모 파업이 몇 달 동안 이어졌고, 청소노동자의 파업으로 파리시 전역이 쓰레기장처럼 변했다. 여론조사 지지율이 역대 최저치인 20%대까지 떨어졌는데도 마크롱 대통령은 뚝심 있게 연금개혁을 밀어부친 지도자로 비춰졌다.

젊지만 이미 재선에 성공해 여론 눈치를 볼 필요가 없어진 마크롱 대통령이 임기가 끝난 후 EU 집행위 등 국제정치계에서 계속 힘을 가지려 한다는 분석도 있었다. 그러나 손을 대면 인기가 떨어진다는 연금개혁을 밀어부치면서, 미래세대를 위해 할 일은 하는 지도자라는 인상을 남기려고 노력하는 게 보였다.

당시 연금개혁이 과제로 떨어진 한국도 프랑스의 연금개혁에 촉각을 곤두세웠다. 그러나 내실을 알게 된 뒤 관심은 곧 사그라들었다. 이처럼 정부와 정치권, 노조가 팽팽한 힘겨루기 속에 진행된 연금개혁이지만, 한국의 입장에선 참고할 만한 내용이 별로 없었다. 한국은 이미 과거에 거의 다 완성한 개혁 수준에 불과하기 때문이다. 프랑스 노동자와 기업들이 소득의 약 28%에 달하는 연금보험료를 감내하면서 회사를 다니는 게 신기할 뿐이다. 60%가 넘는 소득대체율은 우리 입장에선 매우 부러운 노후소득이 아닐 수 없다.

약간 과장되게 표현하면, 프랑스 노동자들은 '은퇴를 하기 위해 일을 한다'는 말까지 나온다. 연금을 받으면서 노후를 즐길 꿈을 꾸며 현재의 팍팍한 직장생활을 견딘다는 뜻이다. 이번 프랑스 연금개혁의 핵심은 은퇴 연령을 62세에서 64세로 늘린 것이다. 재정적자를 줄이기 위해 좀 더 일하라는 뜻이다. 그야말로 은퇴가 곧 행복 시작이라고 생각하는 프랑스인들에게 2년을 더 일하라고 하니, 전국의 노동자들이 모두 들고 일어난 것이었다.

또 한 가지 낯선 풍경은 집회와 시위 때 프랑스의 고등학생을 비롯해 젊은이들 상당수가 노조의 파업을 지지하면 함께 거리로 나온 것이다. 정부는 연금개혁을 하지 않으면 미래세대에게 더 많은 보험료를 거둬야 한다는 개혁의 명분을 내세웠지만, 정작 일부 젊은 세대는 개혁 반대를 외친 셈이다. 당시 TV 인터뷰를 한 젊은이는 "지금 연금개혁이 되면 나중에 자신의 삶의 질도 나빠질 것 같아서 반대한다"고 말하고 있다. 국가재정이나 경제적 문제는 일단 내 문제가 아니고 연금을 지켜 나의 노후를 즐기겠다는 프랑스인들의 정서가 읽힌다.

왜 한국은 연금보험료를 9%밖에 낼 수 없으며, 평생 연금보험료를 내고도 소득대체율은 30%밖에 안 되는지, 정부는 왜 국민연금에 한 푼도 보탤 수 없다고 하는지 이해할 수가 없다. 그러면서도 17년 동안 국민연금의 건강성을 유지하기 위한 개혁을 한 번도 하지 않는 건 또 왜인지 도무지 알 수가 없다.

2000년대에 접어들어 한국의 대도시 골목골목마다 등장한 이른바 '폐지줍는 노인'의 모습과 와인을 마시며 노후를 즐기는 프랑스 노인의 모습을 비교해 보면 한국인의 노후가 한없이 초라해진다. 프랑스는 정부와 현재 경제활동을 하는 인구가 알뜰살뜰 모은 돈을 바탕으로 은퇴한 노인에게 후한 노후소득을 보장하고 있다. 연금제만 놓고 보면 유럽이 노인 공경 사회로 변모한 느낌이다.

한국이 세계 10대 경제선진국에 진입했다며 축포를 날리고 있지만, 하루 용돈 만 원을 가지고 여생을 보내고 있는 가난한 노인들이 차고 넘친다. 65세 이상 노인자살률이 치솟고 있는데도, 모든 책임을 당사자에게 돌리고 이들을 외면하는 한국정부의 모습에서 동방예의

지국이란 단어가 더는 어울리지 않는 나라가 된 것 같은 생각이 든다. 차라리 '고려장'이란 단어가 더 어울리는 건 아닐까?

유럽 공적연금과 국민연금 '클라쓰'가 다르다

앞서 프랑스와 한국 연금의 차이를 비교했지만 프랑스 연금이 유별나게 보장성이 뛰어난 것은 아니다. 다만 한국이 글로벌 스탠다드에 비해 취약한 공적연금을 가진 셈이다. OECD 국가들 특히 유럽국가들과 비교하면 한국의 공적연금은 매우 초라해진다.

국민연금은 비교적 출발이 늦은 연금으로 아직도 제도가 성숙되지도 않은 단계다. OECD 국가 대부분은 1900년대 초에 이미 공적연금의 체계를 갖추어 왔으며, 노인 중 대부분이 연금을 받으며 은퇴 후 생활을 하고 있다.

그들의 고민은 이미 성숙된 공적연금 체계에서 일시적으로 발생되는 수요(노인인구, 연금급여)와 공급(경제활동인구, 보험료)의 불균형을 완화하는 것이다. 그렇기에 이미 전 세계적으로 자리를 잡은 공적연금과 우리의 국민연금 사이에는 상당한 차이가 존재한다. 그럼에도 불구하고 누군가 국민연금과 해외 주요 연금들과의 가장 큰 차이점을 하나만 들라고 한다면, '국가의 공적연금에 대한 배려 정도'라고 하겠다. 즉, 대부분의 국가에서 공적연금은 이미 모든 국민들의 생활에 녹아 있는, 당연하게 생각하는 사회보장제도다. 즉, 은퇴하거나 사고가 나면 국가에서 내 뒤를 도와줄 것이라는 것을 누구도 의심하지 않는다.

그러나 우리는 소위 각자도생의 정서가 강하다. 지금도 열심히 납부 '당하고 있는' 국민연금 보험료를 내고 있으면서도, 과연 퇴직 후에 제대로 받을 수나 있을지에 대해서 끊임없이 의심한다. 이러한 의심의 가장 깊은 곳에는 기금이 있어야만 연금을 받을 수 있다는 오해가 자리잡고 있으며, 한층 더 아래에는 "국민연금 가입자들끼리 알아서 나누어라. 나중에 재정지원은 없을 것이다"라고 암묵적으로 말하고 있는 정부가 있기 때문이다.

소득만큼 국민연금 보험료를 제대로 납부하지 않는 자영업자나 프리랜서들도 '국민연금은 믿기 힘드니 가급적 최소한의 보험료만 내고, 내 노후를 위한 준비는 또 다른 방법으로 할 거야' 하고 생각하는 것 같다. 국민연금만큼 좋은 조건의 금융상품은 없는데도 말이다.

대부분의 연금 선진 국가에서 공적연금은 정부가 책임져야 할 당연한 책무로 여긴다. 국가 모라토리엄을 선언한 적이 있는 그리스나 러시아 등은 물론이고, 지금도 전쟁 중인 우크라이나 역시 연금만큼은 지급하고 있다. 이들이 기금이 있어서 지급하는 것은 아니다. 어찌 보면 연금지급으로 인해 국가재정이 매우 어려운 나라들도 있다. 유로존 경제위기 때 소위 PIGS(포르투갈, 이탈리아, 그리스, 스페인·돈 먹는 돼지라는 비아냥이 섞인 뜻)로 불리던 국가들의 가장 큰 문제가 연금급여로 인한 국가재정 압박이었다.

그런 의미에서 우리나라는 아직까지는 매우 축복받은 나라다. 재정압박 없이 연금을 지급할 수가 있고, 그때그때 국가적 자본 건전성을 자랑할 수도 있는 거의 세계 최대의 단일 기금을 가지고 있다. 하지만 우리나라 국가재정이 국민연금의 재정 건전성을 위해 기여하고 있는 부분은 거의 없다. 오히려 정부가 연기금을 제 주머닛돈처럼 쓸 뿐.

그렇다고 해서 우리나라 연금이 가입 대비 효과가 다른 국가들에 비해 좋다고 하기도 어렵다. 가장 간단한 예로 근로기간 동안의 평균 소득 대비 연금 수급 비율을 말해 주는 소득대체율은 OECD 국가 중 꼴찌 수준인 31.2%로 나온다. 우리나라보다 못한 국가로는 리투아니아와 폴란드 정도다. OECD 국가 가운데 유럽연합 27개 나라의 평균 소득대체율은 49.5%, 거의 50% 수준이다. 물론 이것만으로 우리나라 연금 체계가 다른 국가들에 비해 착취적이라고 단정짓기는 어렵다. 실상 각 국가마다 납입하는 보험료에서도 큰 차이가 있기 때문이다. 사실 우리나라는 소득의 9%를 납부하는 것으로 다른 국가들에 비해 보험료 납부 부담이 매우 작은 편에 속한다. 그렇기에 저게 받는 것뿐이다.

낮은 기여로 인한 낮은 연금소득은 어찌 보면 당연한 말일 수도 있다. 그러나 다른 국가들은 가입자의 기여 외에 정부의 적극적인 관심과 지원이 함께 하고 있다. 다양한 방법으로 연금보험료를 납부하기 힘든 사람들을 정부가 보살피기 때문이다. 유럽국가 국민들의 연금이 좋은 것은 보험료가 높은 것 외에도 납부기간이 길기 때문이기도 하고 정부가 취약계층의 보험료를 적극적으로 지원해 주고 있기 때문이다.

이로 인해 연금에 대한 가입자들의 일정한 신뢰가 확보되고, 이를 기반으로 국민들이 높은 수준의 보험료나 기여를 기꺼이 부담할 수 있었다는 것을 참고할 필요가 있다. 그에 반해 한국정부는 아무런 부담도 지지 않은 채 국민들이 모아 둔 기금을 활용하면서도 '수익자부담'만을 앞세운다. 이런 상태에서 보험료만을 인상하려고 한다면 국민들을 설득하기 어려울 것이다. 그것이 아니라면 이러한 식의 보험료 인상을 주장하는 공무원과 교수분들도 앞으로 국민연금으로 바꾸시기를 권한다.

민영화·적립식으로 바꿨다가 폭망한 칠레

칠레의 연금은 1924년 도입되어 세계적으로도 상당히 긴 역사를 가지고 있다. 1961년에는 최저연금까지 도입해 보험료 대비 높은 급여수준을 유지하였다. 이러한 과도한 수익비로 인해 1970년대 후반부터 국가재정이 심각한 상황에 빠졌고, 1980년에 연금개혁을 시행하였다. 기존 부과방식의 공적연금을 단계적으로 폐지하고, 연금시장을 민영화한 것이다. 이에 따라 연금제도는 개인별 계좌로 관리하는 완전한 적립방식으로 전환되었다.

당시 연금개혁은 신자유주의 경제사상을 배경으로 하고 있는 피노체트 정권에서 마련한 것으로, 1982년 말 이후 신규 노동시장 진입한 노동자들에게는 개인연금을 가입하게 하고 단계적으로 사회보험을 통한 연금 가입자를 축소시켰다. 그러자 정부 재정적자가 감소하고, 연기금 수익과 보유자산이 증가했다. 국내저축률과 투자율이 개선되면서 경제성장을 가져왔다는 평가까지 나왔다. 칠레의 민영화 모델은 세계은행(The World Bank)이 주창한 3층 노후소득 보장의 성공적인 모델로 제시되면서 공적연금의 민영화 모델로 많은 주목을 받았다. 이 사례는 중남미 인접 국가들에게 영향을 미쳐 아르헨티나(1994), 볼리비아(1997), 엘살바도르(1998), 페루(1993), 우루과이(1996) 등도 유사한 민영화로 연금개혁을 시작했다.

그러나 민영화 이후 10~20년이 지나자 감춰졌던 문제가 하나둘씩 드러나기 시작했다. 우선 연금이 민영화되자 칠레의 많은 저임금·비정규직 근로자와 자영업자, 여성들이 연금에 가입하지 못하는 문제가 나타났다. 더군다나 가입자가 20년의 가입기간을 충족하지 못해 일정 수준의 연금을 보장하는 최저보증연금을 수급하지 못하는 문제가 발생했다. 연금액이 빈곤선에 미치지 못하는 저연금, 아예 연금을 받을 수 없는 무연금자가 속출한 것이다.

민영화된 연금은 월 소득이 있는 근로자에게만 가입의무를 가지게 했고, 이는 결국 한국의 개인연금처럼 변화했다. 실업자나 자영업자들의 경우는 이 국민연금에 가입할 의무가 없다. 가입자가 사망할 경우 유가족은 과거보다 더 적은 연금을 받아야 했고, 소득재분배 같은 사회보장적 기능은 사라졌다. 2006년에 이르자 민영연금 가입자 수는 경제활동인구 대비 84.4%로 나타났지만 실제 보험료를 납부하고 있는 사람의 비율은 55.3%밖에 되지 않았다.

기금운용 측면에서도 부작용이 나타났다. 가입자들에게 선택폭을 넓힌다는 취지로 연금 해약과 재계약을 자율화하면서 민간관리회사들은 출혈경쟁을 벌이며 부실화되었다. 그 결과 1994년 22개에 달하던 관리회사들은 2006년 5개만 살아남았다. 민영화 이후 관리비는 약 2~10배 가까이 올랐고, 아르헨티나의 경우 관리비가 보험료의 50.8%를 차지하기도 했다.

정부는 기존의 부과식 공적연금에 가입해 있던 수급자에게는 계속 급여를 지출해야 하지만, 새로운 가입자가 민영연금으로 이동하자 기존의 공적연금은 심각한 재정부족 문제에 빠졌다. 이를 이행비용이라 한다. 칠레는 연금을 민영화한 지 30년이 지난 2010년에도 이행비용으로 GDP의 4.7%를 정부가 조달하고 있는 것으로 조사되었다. 연금민영화는 공적연금의 재정적 위기를 피하기 위한 해결책으로 제시되었지만, 정작 이전의 재정부담보다 더 악화된 것이다.

정부는 막대한 이행비용을 부담하기 위해 민영연금 회사들에게 가입자들로부터 거둔 보험료 적립금을 자국 국채에 투자하라고 요구했다. 그 결과 민간보험사들은 가입자에게는 관리 수수료를 받고 경기침체 시에는 국채 투자를 통한 최소수익률을 보장받으며, 혼란의 연금시장에서 '유일한 수혜자'가 되었다.

빈부격차가 줄어들지 않고 있는 현실에서 연금을 민영화한 칠레의 정책은 일정한 소득을 올리는 사람들을 제외한 상당수를 연금의 사각지대에 놓이게 했고, 노인빈곤 등 저소득층의 현실은 전혀 개선되기 어렵다는 지적이 나오고 있다. 이 때문에 일부 연금전문가들은 "칠레의 연금제도는 이미 실패한 모델"이라고 단정하기도 한다.

2006년 사적연금개혁을 핵심 공약으로 내걸었던 중도좌파정당 연합체 후보인 바첼레트 대통령이 당선되었다. 이와 함께 연금개혁에 대한 새로운 법안이 2008년 통과되어 시행되고 있다. 기존의 연금제도 틀을 유지하는 대신 연대연금제도를 신설해 빈곤예방을 위한 기본적인 공적연금을 강화했다. 결국 국민연금과 같은 공적연금은 민영화 이후 개인연금과 비슷한 수준으로 전락했고, 빈곤선 탈출을 위한 기초연금 성격의 공적연금만 남게 된 셈이다. 국민연금이 약화되면 우리의 모습도 이와 비슷해질 수 있다는 우려가 나온다.

하지만 칠레의 연금은 여전히 민영화의 큰 틀을 벗어나지 못하는 가운데, 2017년 칠레 국민들은 연금개혁을 요구하며 대규모 시위를 벌였다. 36년 전 군부독재 시절에 단행된 연금 민영화 정책의 개혁을 촉구하는 것이다. 칠레의 많은 은퇴자가 최저임금인 360달러에 못 미치는 연금을 받고 있다. 이러한 여러 문제점이 나타나면서 칠레를 좇아 연금 민영화에 나섰던 국가들 중 18개 국가가 다시 공적연금으로 되돌리는 역전 현상이 일어났다.

지난 2018년 국제노동기구(ILO)는 30여 년에 걸친 칠레의 민영화를 평가하며, "결국 우리의 주장이 옳았다는 것이 입증됐다"고 선언했다. 칠레의 연금 민영화 정책이 노인빈곤과 양성평등, 소득불평등 증가 등 노인복지를 악화시킬 것이란 예상이 맞았다는 것이다.

연금의 역사

연금과 관련한 최초의 기록은 기원전으로 거슬러 올라간다. BC560
년경에 유대왕 여호야긴이 바빌론에서 오랜 포로 생활을 한 뒤 석
방되어 이후 종신연금을 지급받았다고 한다. 가장 오래된 연금에 대
한 기록이다.

고대 로마시대였던 BC200년경 지중해 도시국가인 미르토스에서
는 시민들로부터 군사비용을 강제로 차입한 후 이를 종신연금의 형
태로 갚았다는 기록도 있다. 제국으로 성장한 로마는 공을 세운 군
인들에게 개별적으로 퇴직수당과 연금을 지급하였다가 서기 6년
아우구스투스 황제는 군인금고(aerarium militare)를 만들어 퇴역군
인들에게 퇴직수당이나 토지를 구입하도록 지원해 주었다.

중세시대에는 주로 성직자나 군인, 왕족, 귀족 등 일부 계층에 대한
연금이 있었다. 주로 길드를 통해 구성되었다. 재직시 급여의 1/3수
준을 받았다고 알려져 있다. 그러나 이러한 급여 수령보다는 코로디
(corrody)라는 제도가 활성화되었다. 수도원 등에 일시금으로 금전
을 기부하고 퇴직 후 생활터전과 소액의 금전을 받는 방식이었다.

근대에 들어서면서 1670년 무렵 영국이 퇴역해군을 대상으로 기본
급의 50%를 종신연금으로 지급하는 해군장교 연금을 시작했으며,
독립전쟁 후 미국은 1786년부터 상이 군인에게 연금을 지급하기
시작했다. 1857년에는 뉴욕에서 경찰관들을 대상으로 한 연금을
도입한 이후 미국 각주에는 공무원 직종을 대상으로 연금을 제공하
기 시작하였다. 비슷한 시기 벨기에는 1844년 선원을 대상으로, 이
탈리아는 1861년 선원 공제조합을 만들어 노령·질병·재해·유
족 보험을 강제로 가입시키기도 하였다.

보편적 연금체계에 대한 생각은 유럽의 계몽주의 확산과 함께 시
작되었다. 영국 혁명가 토머스 페인은《인간의 권리(Right of Man)》

(1792)를 통해 모든 노인들에게 연금 수급권을 부여해야 한다고 주장하였다. 부자들에게 누진세를 도입하여 빈곤노인들에게 지급함으로써 영국의 빈곤을 극복하자는 것이다. 영국의 연금은 인간의 존엄을 유지하기 위한 최소한의 소득을 국가가 지급하는 공적부조에 가깝다.

공적부조방식이 아닌 사회보험방식의 연금은 1889년 독일 비스마르크의 '노령·장애보험'이 시초다. 당시 연금 가입대상은 정규직 생산직 근로자와 저소득 사무직 근로자로서 강제가입 방식의 기여형 공적연금이었다. 노사가 소득의 일정 부분을 납부하고, 정부 역시도 정액 보조금을 지원하여 퇴직과 무관하게 연령(초기에는 70세였다가 1916년 65세로 인하되었다)에 도달하면 확정급여형 연금을 수급할 수 있었다.

초기에는 전체 근로자의 40%가 대상이었으며, 1895년 기준 54%로 높아졌다. 이후 독일은 1883년 질병보험, 1884년 산재보험에 이어 1889년에 연금보험을 도입함으로써 사회보험 체계의 기틀을 마련한 것이다. 비스마르크의 국가 사회보험 체계는 이후 100여 년에 걸쳐 대부분의 국가로 확산되면서 국가의 사회보장 체계의 핵심적 제도로 자리잡았다.

우리나라 연금의 효시인 공무원연금(1960년)은 일본 공무원공제조합 연금과 국가공무원공제조합 연금을 모델로 한 것이다.

참조 : 국민연금연구원, 「공적연금의 이해」, 2008.
Lewin, C.G., Pensions and Insurance Before 1800: A Social History, Hushion House, 2003.

우크라이나 - 러시아 전쟁 뒤에도
연금 문제 있다

'전쟁 중인 우크라이나도 연금을 지급한다.' 2023년 초 언론을 통해 소개된 내용이다. 이 내용이 사실인지 팩트체크를 하지는 못했지만 전쟁 중인 우크라이나가 연금을 지급하기 위해 일을 하고 있는 점은 분명하다. 그 근거는 조 바이든 미국 대통령이 2022년 4월 러시아의 우크라이나 침공에 대응하기 위한 지원을 의회에 요청하는 과정에서 우크라이나 연금지급을 위한 비용이 당시 약 5조 원(USD 40억) 정도라고 알려진 바 있기 때문이다.

재미있는 사실은 바이든 대통령의 우크라이나에 대한 연금 지원이 미국 정계에서 상당한 논란을 일으켰다는 점이다. 텍사스 기반의 한 극우 인사는 바이든의 우크라이나 지원 기자회견 내용을 트위터에 올리며 해시태그로 "#미국 납세자는 우크라이나인의 연금과 복지비용을 내지 않겠다" "#수백만의 미국인은 바이든의 정책 때문에 식료품비, 거주비, 의료비를 내지 못하고 있다" "#그 와중에 수천의 미국인은 홈리스다"를 달았다. 공화당의 하원의원인 마저리 테일러 그린(Marjorie Taylor Greene)은 이 글을 리트윗하며 "바이든을 탄핵하라!!!"라고 썼다.

우크라이나의 연금개혁과 유로마이단 혁명

현재 벌어지고 있는 우크라이나와 러시아와의 전쟁을 이해하려면, 2014년 우크라이나 동부에서 벌어진 돈바스 내전을 알아야 하고, 돈바스 내전을 이해하려면 유로마이단 혁명을 알아야 한다.

유로마이단 혁명은 2013년 11월 친러 성향의 독재자인 빅토르 야누코비치 당시 우크라이나 대통령 퇴진을 요구한 반독재 운동에서 시작되었다. 야누코비치 대통령이 EU와 진행 중이었던 유럽연합 가입 논의를 중단하고 친러 정책을 천명하자 수도 키이우에서 대규모 반정부 시위와 집회가 시작됐고, 정부군과의 유혈충돌로 다수의 사상자가 발생했다. 이 일로 반정부 시위는 전국적으로 번졌고 2014년 1월 시위대는 총기로 무장하고 키이우를 점령했다. 결국 친러 독재정권인 야누코비치 대통령은 탄핵되고 러시아로 망명했다.

이 유로마이단 혁명을 계기로 우크라이나는 급격히 친 EU 노선으로 바뀌게 되었고, 이에 위협을 느낀 푸틴 러시아 대통령은 크림반도를 강제로 병합했으며, 친러 성향이 강한 우크라이나 동부 돈바스 지역에선 친러 민병대가 우크라이나 정규군과 충돌하면서 사실상 내전이 발발하게 된다. 이후 우크라이나와 러시아와 EU가 평화협상을 벌여 휴전에 들어갔지만, 이때 이미 내재되었던 양측의 갈등은 결국 2022년 러시아의 우크라이나 침공으로 이어졌다.

IMF 구제금융 조건, 연금 포함 경제개혁 주문

우크라이나 전쟁에 관심이 있는 사람이라면 유로마이단 혁명에 대해 어느 정도 알고 있으리라고 생각된다. 그러나 유로마이단 혁명의 도화선이 된 원인에 우크라이나의 연금개혁 문제가 포함되어 있다는 사실은 잘 알려져 있지 않았다. 유로마이단 발발 몇 년 전부터 우크라이나 경제는 대단히 나빴다. 고질적인 정치혼란과 내부갈등으로 어려움을 겪던 우크라이나는 2008년 미국 금융위기 여파로 경제위기가 촉발되었다. 2008년 10월, IMF는 약 20조 원(USD 164억)의 구제금융을 승인하였고, 우크라이나는 2010년 5월부터 약 13조 원(USD 106억)을 지급받게 된다.

우리도 뼈저리게 경험했듯이 IMF의 구제금융은 인정 많은 친척 아저씨가 뭐라도 해보라며 주머니에 찔러 주는 돈이 아니다. 돈을 받는 순간부터 혹독한 사회개혁이 꼬리표로 붙기 마련인데 우크라이나 역시 예외가 아니었다. 이미 1998년 한 차례 구제금융을 받았지만 당시 IMF가 내건 조건을 지키지 못했던 우크라이나는 두 번째 구제금융을 받으며 더욱 혹독한 개혁을 요구받았다.

여러 가지 조건 중 핵심적인 것은 우크라이나 정부가 러시아로부터 구매한 천연가스를 복지차원에서 (혹은 민심을 얻기 위한 목적으로) 원가보다 낮은 가격으로 공급하는 것을 중지하고, 정부의 재정지출을 큰 폭으로 삭감해 재정적자를 줄이라는 것이었다.

동시에 IMF는 연금액을 삭감하라고 요구했다. 당시 우크라이나는 구소련에서 물려받은 '연대연금'을 보유하고 있었다. 우크라이나의 3층 노후소득 보장 체계 내에서 연대연금은 우리나라의 국민연금과 동일한 중심 위치인 1층에 해당했다. 연기금은 실질적으로 전혀 없었고, 현 세대가 납부한 보험료와 정부재정(세금)으로 은퇴자에게 연금을 지급하는 부과식제도였다.

연간 연금급여 총액은 2004년 기준 GDP의 9~10% 수준이었는데, 저출산으로 그 수치는 급하게 올라갈 것이라 예상되었다. 원가 이하의 천연가스 공급정책과 함께 정부재정 적자의 중요한 요인이었던 연대연금. IMF는 수급개시연령을 올리고 연금지급액을 몇 년간 동결하는 방식으로 연금급여의 실질적인 삭감을 요구했다. 이를 통해 재정건전화를 달성하라는 것이 구제금융의 또 다른 조건이었다.

IMF 구제금융을 받을 당시 새롭게 취임한 대통령이었던 빅토르 야누코비치의 상황은 녹록지 않았다. 지역과 민족간의 극심한 갈등 속에 강한 지지 기반을 갖지 못한 채 출범한 야누코비치 정권은 IMF의 구제금융을 받는 조건으로 천연가스 값을 50% 가까이 인상해야 했고 민심은 더 악화됐다. 이를 타개하기 위해 국정을 더욱 독재적으로 운영했고 이듬해인 2011년 정적인 티모센코 전 총리를 석연치 않은 배임혐의로 투옥시키기까지 하였다.

이러한 일련의 사건은 2008년부터 개시된 우크라이나와 EU 간 협정 논의에도 찬물을 끼얹었다. 2011년 티모센코가 투옥되자 EU의 태도는 급변했다. EU는 티모센코의 즉각적인 석방과 함께 사법제도 개혁과 민주적 선거제도의 재도입을 요구하며, 이 선행조건이 달성되기 전에는 협정이 성사될 수 없음을 명확히 밝혔다.

그 후 2년 남짓한 기간 동안 우크라이나와 EU, 그리고 IMF와의 밀당이 지속되었지만 야속하게도 우크라이나의 경제상황은 악화 일로였다. 러시아 역시 우크라이나의 수출을 막겠다는 협박과 천연가스를 저렴하게 공급하겠다는 회유책을 동시에 제시하며 EU 협정을 파기하라고 압력을 넣었다. 2013년, 우크라이나는 EU, 러시아와의 삼자협약을 마지막 카드로 내세웠다. 하지만 EU는 이를 받아들이지 않았고 야누코비치는 EU와의 협약에 사인하지 않겠다고 천명했다. EU 대신 러시아가 주축이 된 유라시아 경제동맹과 긴밀한 관계를 맺기로 결정한 건데, 이 사건이 결국 유로마이단 혁명으로 이어지게 된다.

2013년 당시 EU와 러시아 사이에서 갈팡질팡했던 야누코비치의 속마음은 알 길이 없다. 원래 친러 인사였고, EU와의 협정이 탐탁지 않았는데 IMF가 내건 조건을 핑계로 친러정책을 천명했다고 보는 사람도 있다. 혹자는 본인의 성향과 별도로 러시아의 품으로 가는 것을 원치 않았지만, 국내외의 정세상 그것이 불가능했다고 말하기도 한다.

어쨌든 역사는 한 가지 사실을 말한다. 100% 완벽하게 지급되는지 알 길은 없지만, 우크라이나의 국민연금인 연대연금을 개혁하라는 IMF의 요구는 정치적으로 엄청난 부담이었다는 점, 혁명에 이은 내전, 그리고 실제 전쟁으로 이어지는 와중에도 우크라이나의 제1층 공적연금은 결국 살아남았다는 사실이다. 그 과정에서 우크라이나는 아주 큰 비용을 치렀으며, 앞으로 얼마나 더 큰 희생을 치러야 할지 아직은 가늠하기 힘들다.

IMF와 국민연금

IMF는 구제금융을 지원하는 나라에 단골손님처럼 공적연금개혁을 주문하는 경우가 많다. 통상적으로 가장 많은 국가재정을 쓰는 연금을 개혁하게 함으로써 재정수지를 개선하도록 유도하는 것이다. 그로 인해 벌어질 노후빈곤 등 사회문제는 IMF의 관심사가 아니다. 공적연금이 쪼그라들면 개인연금 시장이 커지게 되고, 금융이 발달한 미국 등 선진국에게는 새로운 금융시장이 열리는 부수적인 효과도 생기게 된다.

1997년에 IMF는 우리에게도 연금개혁을 요구했다. 주요 요구사항은 1998년 10월까지 연금개혁 청사진을 만들 범 정부 위원회를 구성하고 11월까지 개혁백서 초안을 제출하라는 것이었다. 여기에 추가적으로 정부의 국민연금 강제예탁도 폐지하라고 요구하였다.

이에 우리나라 정부는 국민연금의 강제예탁 부분을 폐지하기 위해 공공자금관리기금법을 개정하였다. 이를 계기로 기금운용 업무가 재정경제원(현 기획재정부)에서 빠지고, 보건복지부가 국민연금제도 및 기금운용 전반에 대한 책임을 맡게 되었다. 다만 연금개혁과 관련하여 연금개혁 전반을 실질적으로 다루려면 여러 부처를 아우를 수 있는 대통령실이나 국무총리실에 위원회를 두는 것이 바람직했음에도 상대적으로 권한이 낮은 보건복지부에 설치하였으며, 그마저도 '공사 연금제도개선 실무위원회'라 하여 굳이 '실무'라는 용어를 넣어 위원회 위상을 의도적으로 낮추고자 하였다.

1999년 4월, 위원회는 세 가지 대안을 마련하였다. 1안은 현체제를 유지하면서 각 공적연금별로 내부 개선작업을 거친 뒤 연계장치를 마련한다는 것이며, 2안은 국민연금제도를 공무원 · 군인 · 사립학교 · 교직원을 포괄하는 공통의 연금제도로 확대하는 것이었다. 3안은 국민연금의 균등부문을 기초연금으로 하여 전 국민이 가입하게 하고, 소득비례 부문은 별도로 분리하되 객관적으로 소득이 입증되는 자만 가입하도록 한 것이다.

이 대안 중 어떤 것도 실현되지 않았다. 우리는 IMF를 조기졸업했고, 더 이상 외부의 압력으로 연금개혁을 할 이유가 없었기 때문이다. 한편으로는 국민연금제도가 도입된 지 얼마 되지 않아 재정부담이 낮은 이유도 있었다. 1988년 국민연금이 도입되었으나, 당시 가입 상한 연령을 넘긴 노인들에게 한푼도 주지 않는 부분적립식 제도를 채택했기에 국민연금이 가입자에게 주는 돈은 거의 없었다. 주는 돈이 없으니 연금이 정부재정에 미치는 영향이 전혀 없었고, 정부의 돈은 아니지만 정부가 운용권을 가진 연기금이 수조 원씩 쌓이고 있었으니 말이다.

IMF 금융위기를 극복한지 25년가량이 흐른 현재 우리나라는 아주 부유한 나라가 되었다. IMF가 구제금융의 조건으로 내건 국민연금 개혁은 그들 뜻대로 이루어지지는 않았지만, 결과적으로 우리의 연금에 큰 상처를 입혔다. 노동시장 유연화 정책의 일환으로 도입된 비정규직 문제다. 안정적인 연금을 받기 위해서는 충분한 가입기간이 필요한데 비정규직의 남발로 정년보장은커녕 특수한 형태의 고용이 늘어나면서 국민연금 가입자 간에도 빈부격차는 더 커졌고, 연금제도의 질적 악화를 가져왔다.

부과식 연금으로 시작하지 않은 우리의 국민연금은 지금 1,000조 원이라는 엄청난 연기금을 우리 사회에 주었다. 이 돈이 미래의 든든한 버팀목이 될지, 불행의 씨앗이 될지 아직 분명하지는 않다. 다만 국민연금의 엄청난 규모의 해외투자액은 우리나라가 제2의 IMF 사태를 맞을 확률을 현저히 떨어뜨렸다. 이렇듯 단군 이래 대한민국이 가져 본 가장 큰 목돈인 국민연금 적립금을 어떻게 사용할지가 매우 중차대한 일이 되었다.

연금계의 아이돌,
캐나다 연금의 교훈

두 개의 펀드가 있다. 2002년 4월 1일부터 2023년 3월 1일까지 총 21년간 성과는 다음과 같다. 어떤 펀드가 더 좋은가?

그림15 _ 펀드1과 펀드2의 지난 21년간 연간수익률 추이

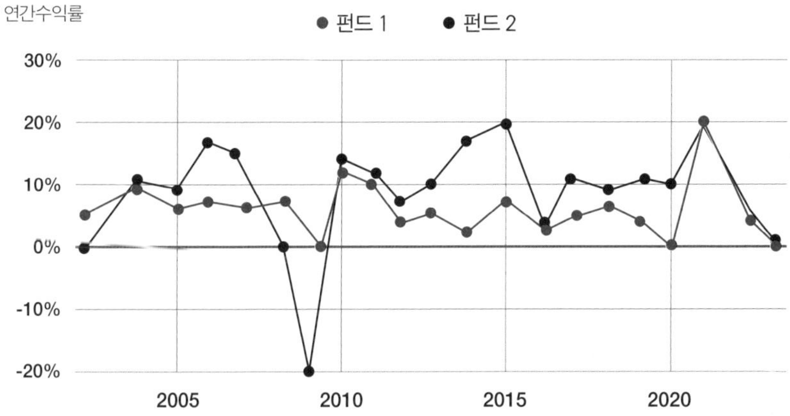

표6 _ 펀드1과 펀드2의 연간수익률과 투자성과 요약

	펀드 1	펀드 2
연평균 수익률	5.9%	8.5%
변동성	4.6%	8.5%
손실횟수	1회	3회
2022년 기준 자산배분	위험자산 55% 안전자산 45%	위험자산 85% 안전자산15%

펀드1은 평균수익률이 낮은 대신 손실을 줄이는 저위험 저수익 투자를 했고, 펀드2는 평균수익률이 높은 대신 큰 손실을 보기도 하는 고위험 고수익 투자를 했다. 펀드 매니저가 어느 정도 실력을 갖췄다면 연금과 같은 장기펀드는 자산배분(위험자산과 안전자산의 투자비율)이 사실상 성과를 결정한다. 즉 위험자산 투자비율, 그러니까 위험자산을 얼마나 취하느냐의 문제이다.

2022년 기준 펀드1과 펀드2의 자산배분은 각 55:45와 85:15다. 펀드1은 주식과 같은 위험자산괴 채권과 같은 안전자산에 원금을 대략 반반씩 나눠 안정적인 투자를 했고, 펀드2는 원금의 85%가량을 주식형 자산에 투자한 것이다. 펀드2가 펀드1보다 위험자산에 1.5배만큼 투자한 것이고, 결과적으로 수익률도 1.5배만큼 나왔다. 반면 이런 자산배분 때문에 펀드2는 변동성이 높았고, 2008년 금융위기 때에는 -20%에 달하는 큰 손실을 보기도 했다.

세상에 공짜는 없다. 큰 권한에는 큰 책임이 따르듯, 높은 수익률에는 높은 위험이 따른다. 큰 손실을 감내하더라도 장기적으로 수익률을 높이고 싶은 사람은 펀드2를 선택할 것이고, 원금손실을 보면 밤잠을 못 자서 안정적인 투자를 지향하는 사람은 펀드1을 고를 것이다. 둘 중 더 좋은 펀드는 없다. 개인의 취향일 뿐.

펀드1은 우리 국민연금이고 펀드2는 캐나다 연금이다. 현재 한국의 연금개혁 논의의 장에서 캐나다 연금은 아이돌 같은 존재다. 기금운용수익률이 좋기 때문이다. 특히 지난 10년간의 성과는 경이로운 수준이다. 손실없이 연평균 10.7% 수익을 냈다. 국민연금은 같은 기간 연평균 수익률이 캐나다의 절반인 5.3%[*] 정도다.

많은 전문가들, 특히 재정안정론자들 중심으로 캐나다 연금을 배워야 한다는 주장이 나오는 이유다. 일각에선 자본시장 상황이 극악에 가까웠던 2022년에도 캐나다는 수익을 냈다며 국민연금 기금운용의 모든 것을 캐나다와 동일하게 해야 한다는 주장까지 나온다.

캐나다가 연금제를 도입한 건 1966년이다. 그러나 이후 30년이 지난 1996년, 캐나다 역시 현재 우리나라와 동일한 문제에 직면하고 있었다. 당시 기금이 존재했지만 규모는 미미했다. 최초 제도설계 때부터 언젠가는 기금이 고갈되고 부과식으로 전환하는 것을 상정하고 있었기 때문이다. 소득대체율은 25%였고, 최초 3.6%였던 보험료는 조금씩 인상되어 1997년 기준 6%였다. 만약 당시 캐나다가 우리처럼 소득대체율이 40%였다고 한다면 보험료가 9.6%였던 셈이니 국민연금과 큰 차이는 없었다.

하지만 기대수명이 늘어나고 인구구조가 악화되면서 캐나다 연금이 지속불가능하다는 판단이 나왔다. 개혁 논의가 한창이었던 1996년 기준, 20여 년이 지나면 기금은 고갈되며, 아무 개혁 없이 손놓고 있다가 부과식으로 전환되면 감당할 수 없는 보험료와 재정지출이 발생한다는 것을 깨닫게 되었다. 당시 캐나다가 사회적 논의를 통해 도출한 결론은 다음 세 가지다.

---

[*] 캐나다의 회계연도는 4월부터 이듬해 3월까지이기 때문에 국민연금을 캐나다 회계연도 기준으로 계산하면 2020년 -0.1% 손실을 제외하고 단 한번도 돈을 잃은 적이 없다.

- 소득대체율 인상 없이 보험료를 6%에서 9.9%로 인상
- 공격적 투자를 통한 수익률 개선으로 기금의 역할 확대
- 부과식의 폐기 및 부분적립식으로의 전환

  소득대체율 인상 없이 보험료를 6%에서 9.9%로 인상하는 것을 국민들이 그냥 동의해 줄 리 없었다. 당시 캐나다 정부는 이러한 국민들의 저항을 미래에 대한 명확한 청사진 제시와 적극적인 설득을 통해 돌파한다. 추가보험료로 기존의 미적립부채를 최대한 해소하고, 늘어나는 기금을 공격적으로 투자해 최소 75년의 기간 동안 보험료의 추가인상 없이 보험료와 기금의 수익률로만 연금급여를 확보할 수 있게 한 것이 골자다. 이를 통해 부과식 전환은 완전 폐기되고, 안정상태(steady state) 기반의 부분적립식 연금제를 확립하게 된다.

  개혁 논의가 있던 1990년대 중반 당시 캐나다 연기금은 100% 국채에 투자하고 있었다. 1996년의 개혁 때 국민들로부터 얻은 지지를 동력으로 캐나다 연기금은 수익률이 높은 위험자산, 즉 주식형 자산 투자를 적극적으로 확대했다. 캐나다 국내 주식을 배제하고 투자 대상을 전 세계로 넓히는 자산군 다각화를 실시했다. 2008년 금융위기 때 -20%에 가까운 큰 손실을 보기도 했지만, 공격적인 투자는 높은 장기수익률로 돌아왔다.

  이러한 경험을 바탕으로 국민들은 정부와 연금을 신뢰하게 되었고, 보험료를 더 올려도 좋으니 소득대체율을 높이라고 요구하였다. 높은 수익률을 올리기 위해서는 연기금의 손실도 감내해야 한다는 인식도 보편화되었다. 이에 힘입어 캐나다는 2017년 추가개혁을 실시한다.

골자는 보험료를 9.9%에서 11.9%로 올리고 소득대체율을 25%에서 33.3%로 올리는 것이었다. 소득대체율 인상에 비례하여 보험료를 올렸다면 13.2%였으나 실제로는 기금수익 때문에 11.9%까지만 올려도 되었다. 기금의 운용수익률로 연금급여 인상분을 해결한 것이다. 연금개혁이 완료되면 추후 추가적인 보험료 인상 없이 약속된 급여를 지급하겠다는 캐나다정부의 약속은 지켜졌다.

표7 _ 캐나다 연금의 적립율 추이

회계연도	1997	2000	2003	2006	2009	2012	2015	2018	2021
적립율	7.8%	9.0%	11.6%	15.5%	14.5%	17.4%	24.4%	29.6%	33.5%

캐나다 연금개혁의 성공은 높은 기금운용수익률 덕에 가능했다. 지난 10년 평균 10%를 넘는 경이로운 수익을 거뒀다. 어떻게 이것이 가능했을까.

답은 간단하다. 위험자산 투자비중을 대폭 늘렸기 때문이다. 앞서 언급된 바와 같이 캐나다도 1996년 개혁 전까지는 손실을 전혀 보지 않는 채권에 100% 투자하는 극단적으로 보수적인 운용을 했다. 그러나 현재는 주식형 위험자산의 비율을 85%까지 올렸다. 손실을 보지 않고 높은 수익을 내는 것은 불가능하다. 워렌 버핏도 90년대 후반 주식시장이 30% 넘게 상승하는 동안 45%에 가까운 손실을 냈다.

그러나 투자자들이 손실을 감내하고 기다려 주면 장기수익률은 올라가는 것이고, 손실이 두려워 안전자산 위주의 투자를 하면 장기수익률은 떨어진다. 축구에 비유하자면, 국민연금은 득점이 없더라도 실점을 보지 않는 경기운용을 한 것이고, 캐나다 연금은 몇 골을 먹더라도 훨씬 많은 득점을 거두는 플레이를 한 것이다.

우리가 캐나다로부터 진정 배워야 하는 것은 기금운용의 기술적 디테일보다는 연금개혁을 성사시킨 방식이다. 위험자산에 투자를 많이 해서 수익률을 올리는 것이 항상 정답은 아니다. 이것은 장기투자여야 유효한 방법이다. 연기금을 조만간 팔아야 할 일이 생길 예정이라면 고위험투자는 바람직하지 않다. 손실을 꺼리고 안정적인 운용을 하려면 낮은 수익률을 받아들이고 모자란 부분은 보험료 인상이나 재정투입을 하는 방식이 정답일 수 있다. 그렇게 사회적으로 합의가 된다면 말이다.

캐나다의 연금개혁은 충분한 사회적 논의를 바탕으로 한 합의에 기반했다. 캐나다정부는 먼저 제도의 장기적인 청사진을 제시하고, 그 청사진을 실현시킬 수단이자 제도의 하부구조로서 기금의 책무(mandate)를 명확히 정의했다. 정부는 때때로 기금운용과정에서 큰 손실이 발생할 수 있음을 솔직히 밝혔고, 국민들 역시 장기수익률 제고를 위해서는 손실을 감내해야 한다는 것을 받아들였다. 그 결과가 높은 기금운용수익률에 기반한 장기적 재정안정과 보장성 강화 달성이다.

또 다른 캐나다 연금 QPP(퀘벡 연금)의 다른 선택

캐나다의 기금운용방식이 요즘 단연 돋보인다는 평가를 받고 있지만, 캐나다에는 전혀 다른 방식의 공적연금이 또 있다. 캐나다에서 프랑스어를 사용하는 지역으로 유명한 퀘벡의 퀘벡 연금(QPP)이다. 퀘벡 연금은 캐나다 연금과 엇비슷한 약 450조 원의 기금적립금을 운용하고 있다. 퀘벡은 인구가 고령화된 불리한 구조지만, 향후 50년 동안 연금지출보다 수입이 많을 것으로 재정추계가 되었다.

퀘벡 연금이 좋은 평가를 받는 이유는 캐나다 연금이 국내 채권과 글로벌 주식시장 등 주로 금융투자를 통해 수익을 올리고 있는 반면, 퀘벡 연금은 채권(120조 원)과 부동산(110조 원), 사모펀드(85조 원)에 많은 투자를 하고 있기 때문이다. 특히 부동산 투자액 가운데 절반 이상을 인프라에 투자하고 있다.

1960년대 이후 퀘벡 지역의 교통 인프라 확충과 성장 가능성이 높은 중견기업 등에 투자함으로써, 연기금이 실물경제에 투자돼 지역경제 발전을 적극 견인했다는 점에서 후한 평가를 받는다. 이를 위해 기금운용기관 내에는 부동산 투자를 전문으로 하는 자회사를 두고 있다.

퀘벡 지역에 혜택이 돌아갈 만한 다양한 사업에 투자한 퀘벡 연금은 지난 10년간 연평균 7.9%의 수익률을 기록했고, 1965년 창립 이래 지난 22년 초까지 평균수익률 8.3%를 달성했다.

기금운용이라는 것이 반드시 주식이나 채권 등에 투자하여 그 평가액이 올라가는 것으로 수익성을 따지는 것은 아니다. 특히 주식시장에 투자된 돈은 평가액이 높더라도 이를 팔아 현금을 만들어야 할 때 상당한 손실을 기록할 위험이 있다. 특히 한국 증시에 투자된 국민연금이 그렇다. 퀘벡 연금은 시민에게 거둔 연금보험료를 지역 내에서 활용할 수 있는 부문을 최대로 찾아서 기금의 활용도를 높이고자 했고 그 노력은 직접적인 수익률 외에도 퀘벡 지역 경제 곳곳에서 나타나고 있다.

05

젊은 그대,
너무 걱정하지 말아요

최악의 상황을 가정을 해보자! 만약 2055년에 연기금이 고갈되면 국민연금이 파산할까? 연금의 원조인 유럽 전문가들은 기금이 연금제의 주요한 변수가 되지 못한다고 본다. 연금제도는 보험료와 연금액(소득대체율), 연금지급시기 그리고 정부재정에 의해 좌우되는 것으로 본다. 연기금은 일시적으로 쌓이지만 부과식으로 전환되면 사라지거나 약간의 완충적 재원으로 본다.

한편 미국을 시작으로 캐나다와 일본 등은 연기금을 투자해 수익금으로 연금재정의 상당 부분을 충당하고 있다. 이는 부분적립식 연금인데 한국의 국민연금은 부과식을 염두에 두고 시작했지만 지금은 부분적립식 연금에 속한다.

이를 종합해 볼 때 국민연금은 재정적으로 세계에서 가장 건강한 연금이라고 장담할 수 있다. 오히려 소득보장이 다른 나라에 비해 약한 편일 뿐, 전 세계에서 가장 낮은 수준의 보험료(9%)를 내고 가장 많은 연기금(1,000조 원)을 가지고 있기 때문이다.

인구구조의 변화로 향후 20~30년 후 국민연금이 재정난을 겪을 것이란 경고등이 들어왔다. 이제 그에 맞춰 연금개혁을 하면 된다. 문제는 개혁을 안 하고 국민연금이 부실해지도록 방치하는 데 있다. 국민연금 재정은 현재 아무 문제가 없다.

세 바퀴 가진 국민연금,
세계에서 가장 튼튼한 공적연금

'국민연금이 세계에서 가장 튼튼한 공적연금'이라는 말은 재정적인 면에서 볼 때 아무 문제가 없다는 것이다. 국민연금은 OECD 기준으로 볼 때, 노후소득 보장 기능은 떨어지지만 재정적으로는 가장 건강한 상태이다. 지난 2022년 OECD 연금전문가들은 국민연금에 대한 검토 보고서를 작성하고 한국정부에 연금개혁을 권고했다. 이는 다가올 미래 위험에 대비하라는 뜻이었다. 사석에서는 한국이 부럽다는 말을 한다. "이렇게 적은 보험료를 내고 1,000조 원이나 되는 연기금을 가지고 있는데 도대체 무엇을 걱정하냐"는 식이었다. '연기금 고갈까지는 아직 30년이나 남았으니 지금 제도를 개선하면 한국은 충분히 대응할 수 있다'며 오히려 한국을 부러워 했다.

그렇다. 다음 장에 소개할 3115개혁안을 만들 수 있었던 것도 현재의 국민연금재정이 튼튼하기 때문에 가능했다. 한국은 보험료와 국가 재정 외에 기금이라는 바퀴가 하나 더 있다. 그러나 연금선진국이라는 유럽국가들은 사실상 보험료와 재정이라는 두 바퀴밖에 안 남았다. 이미 부과식으로 전환이 끝났기 때문에 기금이 거의 없거나 약간의 완충적인 기금을 갖고 있다. 그래서 연금개혁이 더 고통스러울 수밖에 없다. 연금개혁을 하려면 보험료든 재정이든 결국 국민 호주머니에서 나와야 하는 것이기에 점점 국민들이 실제 쓸 수 있는 가처분 소득은 줄어들고, 정부 또한 은퇴자에게 약속한 연금액을 주기 위해 허리띠를 졸라매고 있다. 유럽이 경제활력이 떨어지는 이유 중 하나는 연금재정에 너무 많은 돈을 쓰기 때문이기도 하다.

실제로 OECD 국가의 평균적인 노인부양비에 대한 공공지출은 GDP의 7.7%이지만, 유럽의 EU 국가들만 따로 보면 10%를 훌쩍 넘는다. 정말 엄청난 부담을 지고 있는 것이다. 그런데 한국은 고작 GDP의 3.3% 수준으로 노인부양을 하고 있다.

보험료도 한국은 소득의 9%만 낸다. 직장인의 경우 자기 월급에서 4.5%를 떼는 것이다. OECD 평균은 18%이고, 유럽 선진국들은 이미 20%를 넘나들고 있다. 한국보다 더 선진국인 나라의 국민들이 자동차 대신 자전거로 출퇴근을 하고, 점심 도시락을 싸들고 다니는 것도 그 나라의 물가가 비싸고 쓸 돈은 적기 때문이다. 그만큼 세금이나 사회보험료로 나가는 돈이 큰 부담인 것이다.

단언컨데 국민연금은 어떤 기준으로 봐도 현재 시점에서 보면 세계에서 가장 튼튼한 연금이다. OECD 자료를 종합적으로 고려할 때 한국은 전 세계에서 가장 적은 연금보험료를 내고 국가도 가장 적은 재

표8 _ 주요국 공적연금제도

	보험료율 (%)	실질 소득대체율 (%)	수급개시연령 (세)	정부재정(예산) 대비 연금 지출 규모(%)
캐나다	11.7	36.8	65	11.3
핀란드	24.85	58.4	69	22.4
프랑스	27.8	57.6	65	24.3
독일	18.6	43.9	67	23.1
그리스	26.0	80.8	66	32.7
이탈리아	33.0	76.1	71	32.8
일본	18.3	32.4	65	23.1
대한민국	9.0	31.2	65	9.7
노르웨이	23.0	44.5	67	13.8
스웨덴	22.3	62.3	70	14.2
스위스	21.2	39.9	65	19.6
터키	20.0	70.3	65	21.3
미국	33.8	39.1	67	18.6

출처 : OECD 연금보고서 2023

정을 연금에 투입하면서, 현재 기준 1,000조 원이나 되는 세계에서 가장 많은 (GDP 대비) 기금을 쌓아 놓고 있는 나라다. 국가 총생산액의 거의 절반 수준의 규모이며, 향후 이를 넘어설 것이다. 아무리 출산률이 떨어진다고 한들 이런 나라는 거의 없다.

따라서 연금개혁을 하기 위해 한국은 보험료를 더 올릴 여지도 있고, 재정을 좀 더 쓸 여지가 있는 것이다. 이런 건강한 국민연금을 가지고도 정부는 "50년에 고갈된다, 60년에 고갈된다, 미래세대가 보험료로 30%를 내야 한다"는 공포감을 주면서 약 20년 동안 국민들에게 정신적 스트레스를 안겨주었다. 또 한편으로는 국가가 돌봐야 할 저소득층 노인들을 폐지 줍는 노인으로 전락시키고 있다. 이게 과연 정부가 할 짓인가.

한국인은 세계에서 가장 부지런한 국민으로 정평이 나 있다. 어느 나라 국민들보다 열심히 살고 국가에 기여하고 있다. 공무원과 교사, 군인들은 매달 평균 200만~300만 원의 연금을 받으면서 노후를 즐기는 데 나머지 국민들에게는 60만 원만 가지고 노후를 버티라는 게 과연 타당한 소리인지 정부에게 묻고 싶다. 그들 역시 공무원연금을 받는 공무원이다.

이제 국민들을 그만 괴롭히고 정부는 정정당당하게 국민연금을 개혁하시라. 국민연금법에는 정부가 국민연금 사업을 관장하도록 하고 있지 않은가. 열심히 일한 국민들에게 안정된 노후를 만들어 주어야 한다는 책임감을 가지고 연금개혁에 임하면 되는 것이다. 정부가 재정을 더 알뜰하게 쓰면서 국민연금에 보태면, 국민들도 자식과 손자에게 부담을 덜 줄만큼의 보험료를 낼 것이다. 게다가 매년 수십조 원씩 기금 수익금이 생기는 데 무엇을 걱정하는가.

연기금 1,000조 원의 힘…
그러나 선장 없는 항공모함?

2023년 말 현재 국민연금 기금적립금은 1,000조 원을 돌파했다. 삼성전자를 2개 이상 살 수 있는 엄청난 금액이다. 단일자금으로 한국에서 가장 큰 자산을 국민연금이 가지고 있다. 이미 세계 3대 연금 칭호를 받고 있는 국민연금, 국가 GDP와 비교하면 단연 국민연금이 세계에서 가장 큰 규모의 연기금을 가지고 있는 것이다. 그리고 이 연금은 약 1,700조 원까지 커질 예정이다.

연금선진국인 유럽 대부분의 국가들의 경우, 이미 부과식 연금제를 정착시켰기 때문에 기금은 연금제도를 운영하는 데 필수적이라고 생각하지 않는다. 그러나 연기금이 1,000조 원을 넘어가면 얘기가 좀 달라진다. 기금을 잘만 운용하면 보험료 수입을 능가하는 마법을 부릴 수 있을 것이란 생각을 하게 되었다. 금융의 발달이 이런 마술을 가능하게 했다.

미국의 명문대학들은 적립금을 굴려 학자금으로 쓰고 있고 중동이나 싱가폴 등도 국부펀드를 만들어 국가의 복지재원을 마련할 수 있다는 걸 보여주고 있다. 공적연금 가운데에서는 한국을 비롯해, 미국과 캐나다, 스웨덴, 일본 등이 연기금의 투자수익을 연금재정에 적극적으로 사용하고 있다. 1,000조 원이 넘는 국민연금 기금적립금도 절반 가량은 기금운용수익으로 만들어진 것이다.

특히 앞장에서 소개한 캐나다 연금의 성과는 기금운용수익으로 보험료 인상을 억제할 수 있다는 사실을 보여주고 있다. 실제 다른 나라

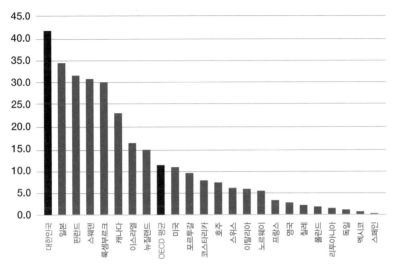

그림16 _ GDP 대비 국가별 공적연금 기금 규모(단위 : %)

출처 _ OECD 연금보고서 2023(단위 : %)

사례를 들 필요도 없이 한국 역시 이런 면에서 매우 모범적인 국가이다. 아직까지 연금보험료를 소득의 9%만 내고 버티고 있는 것도 기금운용수익 때문이다. 이제 기금운용을 더 잘하기 위해 국민들이 신뢰할 수 있는 '진짜 실력자'들이 필요하다. 정부가 감독 기능을 가지되 기금운용은 독립적으로 해야 한다. 굴리는 돈이 1,000조 원이면 워런 버핏이라고 못 데려올까.

후진적인 국민연금 기금운용 거버넌스

그러나 어떤가? 한국의 기금운용체계는 속된 말로 '쌍팔년도식'에 머물고 있다. 말 그대로 국민연금은 1988년 출범하였다. 1,000조 원이란 상상조차 하기 힘든 거금을 정부 장관이 직접 기금운용 위원장을 맡아 운영하는 것은 매우 후진적이다. 국내 최고 수준의 독립적인 운용기관을 만들 필요가 있다.

그러나 이보다 앞서 더 근본적인 문제는 1,000조 원이란 돈이 전략 없이 운용되고 있다는 점이다. 항공모함이 항해에 나섰는데 선장도 없고 목적지도 없이 운항하는 느낌이 현재 국민연금의 기금운용 모습이다.

기금운용위원회는 국민연금 기금과 관련한 정책을 수립하고 장기 운용 방향을 결정하는 최고 의사결정기구다. 하지만 지금 돌아가는 모습은 남(실무조직인 기금운용본부)이 밥상을 다 차려놓으면 1년에 고작 몇 번 모여 의사봉만 두드리는 꼴이다. 기금운용 본연의 역할은 실무를 담당하고 있는 기금운용본부와 이들을 직접적으로 통제하는 보건복지부, 기금운용위원회 산하 3개 전문위원회에서 전담하고 있다.

보건복지부가 국민연금에 대한 주무부처로 폭넓은 권한을 행사하고, 보건복지부 장관이 기금운용위원회의 당연직 의장을 맡고 있다 보니, 연기금 운용에서 정권의 입김이 강하게 작용할 수밖에 없다. KT와 한전처럼 민영화한 회사에 정부가 버젓이 낙하산 사장을 앉히고, 보건복지부 장관과 기금운용본부장이 삼성의 경영권 승계를 돕기 위해 의결권을 허투루 사용한 사례는 연기금이 마치 정부의 돈처럼 사용된 대표적인 사례다. 경제성장? 공정한 시장? 환경보호? 국민연금 기금의 투자 목적인 무엇인지 알 수가 없다. 만약 오로지 높은 수익률이라면 현재 기준 연 4.5%의 목표수익률은 눈높이를 너무 낮춘 수치이다.

게다가 국민연금의 기금운용 권한을 정부관료들이 좌지우지하고 있는 모양새인데 이들은 공무원연금 가입자들이다. 그러다 보니 국민연금 기금을 눈먼 돈처럼 쓴다는 비판이 나온다. 정부가 국민연금 지원에는 인색하고 연기금은 정부 맘대로 사용하는 게 지금의 모습이다.

소위 운용전문가들의 인적구성에도 한계가 있다. 운용책임자들은 결국 경제 관련 인사나 금융권의 인사로 구성될 수밖에 없으며, 이들은 현재 국민연금의 사회복지적인 정책과는 무관한 기금을 위한 기금운용을 하려는 속성이 있다. 상당수 운용역들은 연기금 운용 경력을 쌓고 다시 금융권으로 돌아가는 사례가 많다. 운용역들이 대기업 금융사들과의 관계에서 완전히 자유로울 수 없는 상황이기도 하다.

위아래가 뒤바뀐 연금제도와 기금

국민연금은 정부가 지급을 보증하는 공적연금이다. 그래서 확정급여방식(DB)이다. 국민연금 가입자는 기금의 운용 실적과 관계 없이 약속된 연금을 받는다. 대신 기금이 돈을 잘 벌면 여유가 생기고 기금이 부실하면 정부나 가입자가 허리띠를 졸라매야 할 수도 있다. 기금은 철저하게 연금제도가 정한 연금급여를 제공하기 위해 복무해야 하는 성격의 돈이다. 그러나 언제부턴가 연금제도야 어떻게 되든 기금은 잘 지켜져야 한다는 식의 분위기가 생겼다. 거대 연기금이 자산시장에서 엄청난 영향력을 갖게 됐기 때문이다.

실제 국민연금제도와 관련한 정책을 결정하는 국민연금심의위원회라는 기구가 보건복지부에 있다. 국민연금법을 보면 심의위원회에 대한 사항을 제5조에 두었는데, 기금운용위원회에 대한 사항을 103조에 둔 것을 보면 그 중요성이 더 크다고 볼 수 있다.

실제로도 법에 명시된 심의위원회의 역할은 기금운용위보다 훨씬 막중하다. 심의위원회는 무엇보다 국민연금제도 및 재정계산에 대한 사항과 급여에 관한 사항, 연금보험료에 관한 사항을 심의할 뿐만 아니라 국민연금 기금에 관한 사항도 심의하도록 법에 명시되어 있다. 그런데 국민연금심의위원회 위원장은 보건복지부 차관이다. 기금은 연금제도를 떠받치는 수단에 불과한데도 기금운용 책임자는 보건복지부 장관, 연금제도를 운영하는 책임자는 차관이 맡고 있는 이상한 구조가 만들어져 있다.

프랑스 삼부회의와 닮은 국민연금 개혁논의

프랑스대혁명의 도화선이 된 삼부회는 원래 1302년 필리프 4세가 교황 보니파시오 8세에 대항하여 자신의 지지세력을 규합하기 위해 처음 소집되었다. 삼부회가 처음 설립된 목적 자체가 왕권에 대한 지지로, 그 과정에서 귀족과 성직자는 자신들의 영지에 대한 권한을 강화하고자 했고 평민들은 경제적 특권을 얻고자 하였다.

백년전쟁 이후 프랑스에서는 왕권이 강화되자 삼부회는 가지고 있었던 납세 동의권을 왕에게 반납하게 되었고, 1484년 이후 76년간 개최되지 않았다. 1560년 다시 삼부회의는 개최되었는데, 종교개혁으로 인해 피폐해진 재정을 충원하고자 소집된 것이다. 그러나 프랑스는 절대 왕정 시대로 들어섰고, 왕권강화와 중앙집권 체계의 완성으로 삼부회는 1614년 이후 1789년까지 개최되지 않았다.

1789년 개최된 삼부회는 당시 프랑스의 혼란상을 그대로 보여 주었다. 모두가 알다시피 유럽의 여러 전쟁들과 미국 독립전쟁을 겪으면서 프랑스의 재정은 거의 파탄 직전이었고, 루이 16세가 재정문제를 논의하기 위해 개최한 것이다.

사실 프랑스의 재정문제는 전쟁 등 국가의 지출이 많은 것도 큰 원인이었지만, 인구의 2%도 안 되는 귀족과 성직자들이 프랑스 전체 토지의 40%를 가지고 있으면서도 면세 혜택을 누리고 있었다는 점도 크게 작용하였다. 제1계급, 2계급으로 불린 귀족과 성직자들은 삼부회를 통해 실제 세금을 납부하는 농민과 시민들에게 조세부담을 가중시키고자 하였다. 삼부회에서 농민과 시민을 대표한 평민들의 발언은 다른 두 계급에 의해 다수결로 묵살되었다. 제3계급은 삼부회를 사퇴하고 국민의회를 설치하였다. 삼부회의 갈등과 대립은 프랑스대혁명의 도화선이 되었다.

국민연금 책임자인 정부가 연금제는 부실화되고 있는데도 기금만 잘 키우면 된다고 하는 인식은 평민들이야 어떻게 되든 국가재정이 어려우니 세금만 올리자는 삼부회와 닮아 있다. 정부관료와 연금전문가 대부분은 공무원과 사학연금에 가입돼 있어 국민연금의 부실이 그들과 직접적인 관계가 없는 것처럼, 프랑스 삼부회에서 귀족이나 성직자는 자기들이 세금 더 내겠다는 말은 전혀 꺼내지도 않았다. 오히려 이들에게 세금을 거두려던 당시 재무장관 네케르가 해임되었을 뿐이다.

기금이 사라진다고
연금도 사라질까?

연금제도를 운영하는 이유는 기금을 만들기 위한 것이 아니다. 그런데 정부는 늘 기금이 고갈되니 제도를 개혁해야 한다는 식으로 말한다. 기금이 넉넉하면 연금제도를 운영하기가 편한 게 사실이지만, 기금이 없다고 연금제를 안 할 것인가? 보험료를 내는 사람보다 연금을 받는 사람이 많아지면 기금이 가진 자산을 금융시장에서 팔아 현금화해야 하는데 그건 쉽게 가능할까?

쉽지 않을 것이다. 최소한 국내 증시에 들어간 연기금을 팔게 되면 증시가 앞서 폭락하면서 큰 손실을 볼 수 있다. 재벌 대기업들의 경영권이 크게 취약해질 수 있는데 과연 주식을 팔아치울 배짱을 정부가 가지고 있는지 궁금하다. 우리는 그저 1,000조 원의 기금이 있다는 사실을 즐길 뿐 실제 그 돈을 100% 사용할 수 있을지 의문이다. 이런 문제를 해결하려면 10~20년 전부터 매우 조심스럽게 기금매도 전략을 짜야 하는데 이런 전략가가 국민연금에는 없다. 보건복지부 장관이 위원장인 기금운용위원회가 있지만 금융 전문가가 거의 없는 위원들에게 어떤 전략을 기대하기는 애초에 힘든 실정이다.

그림17 _ 국민연금 현금 흐름과 기금조성 (단위: 조 원)

연금보험료 등
(781.9)

운용수익금
(531.7)

국민연금 조성액
(1,313.5)

연금급여 등 지출
(329.4)

(2023년 9월말 기준)

　실제 OECD 국가들 중에서 기금을 조성하여 공적연금제도를 운영하고 있는 국가는 그리 많지 않다. 사실 한국처럼 연기금을 GDP 50%에 가까운 규모로 적립하고 있는 것은 매우 이례적인 경우다.

　거대 기금 형태로 국가 GDP의 10% 넘게 적립하고 있는 국가는 전 세계에서 캐나다, 핀란드, 일본, 뉴질랜드, 스웨덴, 미국이 전부다. 나머지는 아예 기금을 가지고 있지 않은 완전 부과식(오스트리아, 벨기에, 덴마크, 그리스, 헝가리, 아이슬란드, 아일랜드, 이탈리아, 네덜란드 등)이거나 5% 내외의 완충펀드 혹은 예비적 동기로 기금을 보유하고 있을 뿐이다.

　기금의 존재 여부가 공적연금제도를 규정하지는 않는다. 단지 공적연금을 운영하는 방법 중 하나일 뿐이다. 다음 장에서는 어렵게 조성된 기금을 그냥 고갈시키지 말고 발전적으로 사용할 수 있는 방안을 제시할 것이다. 이는 국민 부담을 줄이면서도 안정된 연금제를 유지하고자 하는 고민의 산물이다. 하지만 최악의 상황을 가정해 보자! 만약 2055년에 연기금이 고갈되면 공적연금이 파산할까?

국민연금도 도입 초기에 부과식 연금으로 설계

앞서 연금제를 시행했던 대부분의 선진국들은 부과식 연금제를 채택했다. 한국도 이런 연금제를 추종했다. 연금제를 도입하는 초기, 가입자는 늘어나지만 연금을 줄 은퇴 노인이 많지 않았기 때문에 연기금 적립금이 큰 규모로 쌓였다. 그러나 어느 정도 제도가 성숙하고 나면 기금은 자연스럽게 고갈되고 결국 현재 경제활동을 하는 세대가 은퇴한 노인세대를 부양하는 게 연금제의 본질이라는 게 대부분의 주류 연금학자들의 견해이다.

연금제를 도입할 당시의 한국은 '둘만 낳아 잘 기르자'며 저출산 정책을 적극적으로 시행하던 때다. 누가 0.7이라는 지금의 출산율을 상상이나 했을까? 당초 예상보다 국민연금이 더 어려운 위협에 노출되긴 했지만 이는 그때그때 제도를 손질하면 될 일이다. 전 세계 어느 나라도 기금이 없다고 공적연금을 파산시키는 나라는 없다.

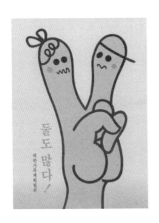 

출처 _ 인구보건복지협회

독일 현대사만큼 굴곡진 독일 연금

독일은 연금제도의 산 역사다. 비스마르크 시대에 도입했던 독일 연금은 현대 연금제도의 시초로 평가된다. 1800년대 후반 생긴 연금제도 초기, 독일 연금은 보험료와 국고 부담으로 조달되는 적립식 연금이었다. 그러나 제1차 세계대전 이후 화폐가치가 엄청나게 하락하면서 적립금을 크게 날렸다. 조금 남았던 적립금마저 제2차 세계대전 때는 전쟁자금으로 전용되면서 연기금이 완전히 소진되는 경험을 하게 되었다.

이런 역사적 경험은 독일 국민들에게 연기금 적립에 대한 불신을 키웠고, 독일은 거의 완전한 부과식 연금제를 운영하는 나라로 탈바꿈되었다. 기금적립에 대한 불신의 결과다. 독일 연금이 갖고 있는 기금은 두세 달치 연금액에 불과한 것으로 유명하다.

완벽한 부과식으로 돌아간 독일은 2000년대 들어 심각한 고령화 저출산의 영향으로 지속불가능한 위기에 맞닥뜨렸다. 55%의 소득대체율을 유지하려면 미래세대는 보험료를 2배로 높여야 하는 상황을 맞은 것이다. 이 때문에 독일정부는 즉각 연금개혁에 나섰다. 그러나 국민의 삶을 고려해 연금보험료는 소득의 22%를 넘지 못하게 했고 연금급여를 줄이더라도 소득대체율이 46% 밑으로 떨어지지 않도록 정했다.

한국보다 훨씬 높은 소득대체율이지만 독일정부는 공적연금의 보장성이 떨어지자 다층체계 연금을 도입하고 사적연금을 활성화했다. 당시 노동부 장관의 이름을 따 '리스터 연금'이라고 불린다. 리스터 연금은 사적연금에 가입한 국민을 정부가 직접 지원하는 방식이다. 가입자가 연소득의 4%를 리스터 연금에 납입하면, 정부가 납입액의 30~90%를 지원한다. 소득이 적고 자녀가 많을수록 정부 지원금은 커지는 구조다.

도입 첫해인 2001년 140만 명이던 리스터 연금 가입자는 2007년 1,000만 명을 넘겼고 2013년부터 1,600만 명대를 유지하고 있다. 공적연금 소득대체율은 현재 48%로 낮아졌지만 독일 근로자들은 리스터 연금을 통해 실질적으로는 생애평균소득의 60%가 넘는 노후소득을 확보한 것으로 추정되고 있다.

전쟁과 인구 고령화 등 여러 난관에 부딪쳤지만 독일정부는 그때그때 새로운 방안을 만들어 대응하는 데 성공했다. 목표는 국민들에게 적정한 노후소득을 보장하는 것이다.

베이비부머가 청년에게,
"우리가 먹튀라고? 이중부담 세대!"

유신 독재와 군부 독재 타도를 외치며 대학생활을 최루탄 가스와 함께 보낸 80년대 대학생들, 그러나 경제적으로는 그리 나쁘지 않았다. 대학만 졸업하면 대체적으로 번듯한 직장에 들어갈 수 있었다. IMF 위기로 구조조정을 당한 동료들도 있지만 대부분 30년 안팎의 직장생활을 잘 하고 막 은퇴를 했거나 은퇴를 목전에 두고 있다.

직장생활 내내 보험료는 월급의 9%(근로자 4.5%)만 냈다. 제도가 변하지 않았기 때문이다. 연봉이 약 7천만 원이 넘으면 국민연금 상한액이기 때문에 요즘에는 대략 25만 원 정도가 월급에서 빠져 나간다. 국민연금공단에서 조회해 보니 은퇴 후 65세부터 국민연금이 약 160만 원 정도 나올 것이라고 알려준다. 전업주부인 아내와 같이 쓰기에 모자라지만 퇴직금도 있고 개인연금 붓는 것도 있어서 대충 빠듯하게 살 수 있을 것 같다. 국민연금 평균수령액이 60만 원인데, 본인은 그래도 운이 좋은 편이라고 위안을 삼는다.

자식이 1명인데 아직 비정규직 자리를 전전하고 결혼은 안 했다. 은퇴 후 자식한테 용돈 받을 생각은 꿈에도 없다. 학원 보내느라 허리가 휘었는데 대학 졸업하고도 출가를 안 하니 계속 데리고 살아야 하나 오히려 걱정된다. 양가 부모님께 매달 50만 원씩 드렸는데, '나도 은퇴하고 나면 어쩌나' 하는 걱정이 앞선다.

정말 세대 간 부담이 불공평할까?

현행 국민연금제도는 미래 젊은 세대에게 불리하다? 맞는 말이다. 그러나 이는 제도 내부만 봤을 때 맞는 말이고, 사회적으로 넓혀 분석하면 꼭 맞는 말은 아니다. 주로 베이비부머인 현재의 장년층도 충분히 할 말이 많다.

현재 대학에 다니는 학생들과 얘기를 하다 보면 국민연금제에 대해 불만을 쏟아내는 경우가 있다. 실제로 최근에는 한 젊은이가 국민연금공단에 찾아가 자기가 낸 보험료를 돌려 달라며 행패를 부리는 모습이 뉴스를 통해 전해지기도 했다. 이들은 현세대가 9%의 보험료를 내면서 연금은 소득의 약 30%(30년 가입시)를 가져가니까 연금재정이 버틸 수 없다고 생각한다. 자신들이 연금을 받을 나이가 되면 기금이 고갈돼 연금을 못 받을 가능성이 큰데 점점 오를 보험료를 내는 게 걱정이라고 말한다.

기금이 사라진다고 연금도 사라지는 건 아니지만 그래도 좀 더 설명을 하자면 이렇다. 국민연금제도만 놓고 보면 인구구조가 역피라미드 형태가 되면서 젊은 세대가 많은 노인을 부양해야 하는 건 사실이다. 그러나 연금제도가 정착해 가는 과도기에 경제활동을 한 베이비붐 세대는 자신의 노후를 위한 연금보험료를 내면서, 동시에 연금이 없는 부모를 사적으로 부양한 이른바 '끼인 세대'다. 가정 형편에 따라 큰 차이가 있겠지만 대체적으로 본인이 내는 연금보험료와 비슷하거나 더 많은 돈을 부모세대에게 생활비(용돈)로 드린 세대다. 이를 연금론에서는 '이중부담'이라고 한다. 더구나 우리나라는 세계 최고 수준의 자녀 양육비를 개인이 부담하는 국가 아닌가. 게다가 지금의 청년세대를 키운 세대가 바로 베이비 붐 세대이다.

만일 국민연금 기금적립금이 55년에 사라지고 부과식 연금으로 전환되게 되면 이후 세대는 소득의 30% 전후를 보험료로 내야 한다는 전망이 있다. 그러나 이는 연금개혁을 안 한다는 가정으로 만든 산술적인 계산 결과일 뿐이다. 보험료가 점차 오르기는 하겠지만 30% 전후로 보험료가 오른다는 것은 실제로 발생할 확률이 거의 없다.

2차 베이비 붐 세대에 해당하는 현재 경제활동인구가 모두 은퇴하기 전에 보험료를 인상하고 정부도 재정을 투입해 미래세대의 부담을 줄여줘야 한다. 분명한 것은 개혁이 늦어지더라도 보험료는 머지 않은 미래에 오르게 될 것이다. 정부의 무관심으로 제때 바람직한 연금개혁이 되지 않는 게 문제이긴 하지만, 현세대가 마치 국민연금을 갈취하는 것마냥 불평불만을 할 이유는 별로 없다.

베이비부머, 자신의 노후를 스스로 책임지는 첫 번째 세대

1,000조 원이란 연기금을 쌓은 세대도 주로 베이비 붐 세대인 현세대이다. 부모세대를 부양했지만 본인들은 노후에 자식에게 기대지 않겠다고 하는, 역사상 첫 세대가 바로 베이비 붐 세대이다. 어찌 보면 부모를 부양하지 않아도 되는 지금의 청년(미래)세대보다 한층 더 버거운 삶의 무게를 견뎌야 했는지도 모른다.

현세대보다 더 고생을 한 세대는 지금의 65세 이상 노인세대이다. 이들은 1940~50년대 농업사회에 태어나 전쟁을 직접 겪었거나, 한국전쟁 이후 전 세계에서 가장 가난한 국민으로 태어난 세대이기도 하다. 국가발전을 위해 맹목적으로 부지런한 삶을 산 세대이며, 자식들을 낳아 열심히 가르치는 게 거의 유일한 노후준비였던 세대이기도 하다. 그럼에도 불구하고 이들 중 꽤 많은 수가 '폐지를 줍는' 상황은 눈물겨운 현실이다. 연금제도가 중요한 이유다.

정부가 2011년부터 시행하고 있는 노인실태조사 결과를 보면, 65세 이상 노인들은 생활비의 일부를 자녀나 친척으로부터 받고 있다. 다행인지 불행인지 이런 소득의 사적 이전 비율은 해가 갈수록 줄어들고 있다. 2011년 노인의 총소비 중 사적 이전을 통해 충당한 비율은 26.5%에 달했지만 2020년에는 11.7%로 크게 줄었다. 노인들이 자식들로부터 받는 '용돈'이 줄어든 것이다. 각 가정의 형편에 따라 사적 이전은 큰 차이가 있을 수 있다. 따라서 사적 이전 대신 사회가 공적으로 노인을 부양하자는 게 바로 연금제의 핵심인 것이다.

표9 _ 노인의 연간 소득 중 사적 이전 부문

	2011		2014		2017		2020	
	금액 (만 원)	구성비 (%)	금액 (만 원)	구성비 (%)	금액 (만 원)	구성비 (%)	금액 (만 원)	구성비 (%)
소계	339.6	26.5	347.8	15.1	392.4	15.2	353.7	11.7

출처 : 통계청

더구나 미래세대는 지금의 노인세대와 30~50대 세대가 이룩한 경제적 성과를 모두 사회적 유산으로 받아 선진국에서 태어난 세대다. G20에 들어간 대한민국의 모든 경제, 사회적 자산(각종 사회문화인프라)을 물려받는다는 점을 고려하면 국민연금 보험료 부담 하나가 후

세대의 삶을 황폐화시킨다고 폄하하기는 어려울 것이다.

오히려 연금이 더 신경써야 할 문제는 막대한 규모의 기금을 가지고도 세계 최대의 노인빈곤 문제를 겪어야 하는 현실을 과연 어떻게 해결할 것인가이다. 자신들의 재산, 논, 황소를 팔아 베이비부머들을 양육한 노인들을 연금에 기여하지 않았다고 무시할 수는 없다. 이러한 문제를 방치한 상태에서 미래를 위한 연금개혁까지 제때 하지 못한다면, 그게 현세대의 가장 큰 부끄러움이 될 것이다. 그러나 연금개혁을 못하는 게 현재 국민 탓인가 아니면 법적 책임을 다하지 못하는 정부의 책임인가.

'안전빵 투자'의 빛과 그림자…
기금운용 어떡해!

싸고 좋은 건 없다. 비싸지만 나쁜 건 있다. 투자도 마찬가지다. 리스크, 즉 손실위험이 없는 고수익은 없다. 하지만 리스크가 크다고 꼭 수익이 높은 투자인 것도 아니다. 따라서 운용성과의 평가는 투자위험과 수익률 양면을 살펴봐야 한다.

음식점을 평가할 때 만 원짜리 국밥집과 20만 원짜리 호텔 식당을 같은 선상에 놓고 비교할 수 없는 법이다. 호텔 식당의 요리는 당연히 국밥보다 더 큰 만족을 손님에게 줘야 한다. 스무 배나 더 많은 돈을 받으니까. 가격대가 다른 식당을 동일선상에 놓고 정당하게 평가하려면 당연히 가격 대비 요리가 주는 만족도, 즉 가성비를 봐야 한다.

펀드운용 성과평가도 마찬가지다. 고위험 펀드는 전반적으로 목표 수익률이 높다. 손실위험을 극히 낮게 제약한 펀드는 수익률이 낮을 수밖에 없다. 이 둘을 수익률로만 비교하면 고위험 펀드가 무조건 높은 수익률을 올린 것처럼 보일 수밖에 없다. 그러나 자세히 살펴보면 고수익을 약속한 펀드 중에는 망한 펀드가 있을 가능성이 크다. 따라서 펀드운용이 잘 되었는지 평가하기 위한 가장 일반적인 지표로 샤프지수(Sharpe Ratio)라는 것을 쓴다.

긍정론 : 샤프지수로는 세계 최강인 국민연금 수익률

샤프지수는 노벨상 수상자인 스탠포드 대학의 윌리엄 샤프 교수가 개발한 지표로, 수익률을 위험으로 나눠준 개념이다. 즉 위험 대비 수익률, 투자의 가성비 지표라 생각하면 편하다. 미국 주식시장의 샤프

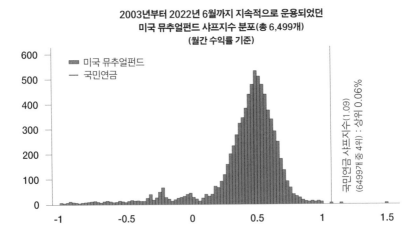

그림18 _ 미국의 뮤추얼 펀드와 비교한 국민연금 기금의 샤프지수

지수는 역사적으로 0.3에서 0.4 사이였고, 샤프지수가 1.5을 넘는 펀드의 운용자는 아마도 '올해의 펀드 매니저상' 같은 것을 받을 정도다.

국민들의 높은 불신에도 불구하고 샤프지수로 본 국민연금의 투자성과는 세계 최강이다.

국민연금은 2003년부터 매년 기금의 성과평가보고서를 발간하는데, 〈그림18〉은 2003년부터 2022년까지 미국의 모든 뮤추얼 펀드의 샤프지수를 나타냈다. 국민연금의 샤프지수는 1.09 정도이다. 해당 기간 존재했던 6,499개의 뮤추얼 펀드와 비교했을 때 4등을 한 것이다. 상위 0.06%. 압도적이라는 표현이 어울리는 가성비이다.

그림19 _ 미국의 자산배분형 뮤추얼 펀드와 비교한 국민연금 기금의 샤프지수

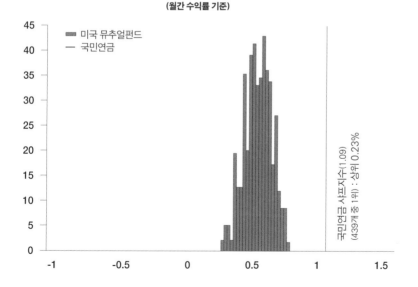

2003년부터 2022년 6월까지 지속적으로 운용되었던
자산배분형 스타일 미국 뮤추얼펀드 샤프지수 분포(총 439개)
(월간 수익률 기준)

모든 펀드가 국민연금과 같은 형태는 아니다. 주식에만 투자하는 펀드도 있고 채권에만 투자하는 펀드도 있다. 국민연금 기금은 주식, 채권, 대체투자를 모두 한다. 이런 펀드를 자산배분형 펀드 혹은 혼합형 펀드라 부른다. 〈그림19〉는 국민연금과 유사한 펀드들을 따로 추려내어 비교한 것이다. 439개의 혼합형 펀드 중 국민연금은 또다시 압도적으로 1등을 했다.

그렇다면 국민연금 기금의 성과는 최고로 좋았을까? 샤프지수 즉, 위험 대비 수익 관점에서는 세계 최고 수준이었다고 말할 수 있지만 그렇다고 최고의 성과를 보였다고 하기는 힘들다. 앞서 언급되었지만 캐나다 연기금의 수익률은 국민연금보다 훨씬 높다.

안전성을 최우선으로 하다 보니 샤프지수로 평가한 국민연금 수익률은 세계 최강인 게 분명하지만, 수십 년 동안 원금이 계속 늘어날 기금을 지나치게 안전 위주로 투자한 것은 아닌가? 위험수준을 좀 더 높였으면 훨씬 더 높은 수익률을 기록할 수 있었는데 그 기회를 놓쳤다는 평가가 나올 수도 있다.

지금까지의 국민연금 기금운용 방법이 최선이었을까. 이에 대한 답을 하기 위해서는 기금을 좀 더 거시적인 시각에서 살펴볼 필요가 있다.

부정론 : '안전빵'에 과몰입한 국민연금 운용의 한계

국민연금과 같은 거대기금은 소위 잡기술이 통하지 않는다. 수십억에서 수백억 정도의 소액투자라면 적절히 타이밍에 맞춰 사고팔아 수익을 내기도 하고, 오를 것 같은 종목을 콕 찍어 수익을 낼 여지가 있다. 하지만 1,000조 원이 넘는 국민연금 기금이 뭔가를 사면 가격이 오르고 팔면 가격이 내려 버린다. 수요-공급의 법칙 때문이다.

주식시장에서 특정 종목을 사는 것은 나중에 가격이 올라 차익을 거둘 수 있다는 기대 때문인데, 국민연금 기금이 그 점을 노리기에는 너무 덩치가 크다. 소액이라도 수익을 내고자 그것을 시도할 여지가 없진 않지만, 그랬다간 개미투자자들의 원성을 사고 결국 국민연금공단 이사장은 국회나 감사원에 불려가 질책을 받게 될 것이다. 따라서 공적연금이자 거대기금을 보유한 국민연금은 지극히 교과서적인 투자방식을 고수할 수밖에 없다.

역설적이지만 이것이 앞선 샤프지수 분석에서 나타난 국민연금의 가성비 높은 투자성과의 비밀이기도 하다. 타이밍을 노리는 투자나 특정 종목을 선택하는 투자는 성공 확률보다 망할 확률이 훨씬 높음을 이미 수많은 학술논문이 증명한 바 있다. 국민연금은 오랜 기간 지극히 교과서적인 투자방식을 유지했고, 교과서에 나온 것처럼 최고의 성과를 보였다.

마코위츠의 이론(171쪽)에 의하면 수익률을 개선하는 방법은 분산투자만이 아니다. 자산군을 확대하면 같은 위험수준에서 수익률을 더 올릴 여지가 생긴다. 〈그림20〉에서 방안 2다. 앞선 동전 던지기의 예시에서 동전 하나를 던질 때보다 두 개를 던지는 것이, 두 개보다는 1억 개를 던지는 것이 더 좋았다. 방안 2는 동전의 수를 늘려 아예 검은색 곡선을 파란색 곡선까지 더 확대하는 것이다.

국민연금은 최초 채권에만 투자했다. 동전을 하나 던졌다고 볼 수 있다. 김대중 정부에 들어 본격적으로 주식에 대한 자산배분을 늘렸다. 동전을 두 개로 늘린 셈이다. 그 이후 해외투자를 확대하고, 스튜

어드십 코드 도입으로 주주행동주의 펀드의 전략도 들여왔다. 또한 헤지펀드, 사모펀드 등의 대체투자를 도입했다. 국민연금은 꾸준히 동전의 수를 늘려 왔다. 투자의 세계는 그 어떤 곳보다 변화가 빠른 곳이다. 앞으로도 동전을 더 늘릴 여지가 있을 것이다. 이런 노력은 현재진행형이다.

여기까지 왔다면 남은 투자성과 개선방안은 하나다. 위험수준을 늘리는 거다. 〈그림20〉의 방안 3이 이를 나타낸다. 이 지점은 상당히 아쉽다. 국민연금은 제도 도입 이후 거의 50년 동안 꾸준히 원금이 늘어나는 구조였다. 캐나다 연금 사례처럼 이런 기간에 위험수준을 더 높이는 투자가 가능했다. 그러나 국민연금 기금의 위험수준은 원금 보장형의 그것과 유사한 정도로 낮게 유지되어 왔고, 결과적으로 가성비, 즉 샤프지수는 뛰어났으나 수익률이 높지 않았다.

국민연금 기금운용본부는 요리를 정말 잘할 수 있는 셰프인데, 만 원만 주고 밥상을 차리라고 한 격이다. 1~2만 원 더 지불했다면 훨씬 더 맛있는 요리를 내올 수 있었을지 모른다. 이 지점이 현재 국민연금 기금운용의 한계다. 그럼 자산군을 더 확대하고 위험수준을 올려 수익을 올리는 건 어떨까. 간단하게 들리지만 생각보다 복잡하고 어려운 일이다.

마코위츠 이론 – 분산투자

전 재산이 10억짜리 아파트 한 채인 사람이 있다. 이 사람에게 누군가 와서 다음과 같은 제안을 한다.

동전을 던져 앞면이 나오면 11억을 주고, 뒷면이 나오면 그 아파트를 자신이 갖겠다고. 동전의 특정면이 나올 가능성은 50%니 기대수익은 5천만 원이다. 아마 대부분은 이런 제안을 거절할 것이다. 11억을 따면 좋지만 50%의 확률로 집을 잃을 수 있기 때문이다.

이 제안을 약간 바꿔 보자. 동전 하나가 아닌 두 개를 동시에 던진다.

동전 하나당 앞면이 나오면 5.5억을 받고, 뒷면이 나오면 집의 지분 50%를 빼앗긴다. 운이 좋아 두 개 모두 앞면이면 11억 이익, 하나만 앞면이면 5천만 원 이익, 둘 다 뒷면이면 10억 손해다. 기대수익은 여전히 5천만 원이다. 첫 번째 제안보다는 좀 더 매력적이지만 여전히 승락할 사람은 많지 않을 것이다. 여전히 25%라는 꽤 높은 확률로 집을 잃기 때문이다.

세 번째의 제안은 아주 극단적이다. 동전 1억 개를 던지는 것이다.

동전 하나당 앞면이 나오면 11원을 주되, 뒷면이 나오면 집의 지분을 1억분의 1만큼 빼앗긴다. 대수의 법칙이니 중심극한정리니 하는 수학이론을 들먹이지 않아도 이 제안의 의미는 명확하다. 그냥 10억짜리 집의 지분 절반을 5.5억에 산다는 뜻이다. 팔린 지분을 다시 시장가인 5억에 살 수 있다면 누구나 이 제안을 받아들일 거다. 공짜로 5천만 원이 생기는 셈이니까.

이것이 바로 노벨상에 빛나는 현대투자이론의 창시자 마코위츠의 평균-분산 모형의 골자다. 하나의 자산에 집중투자를 하면 위험이 높지만, 여러 자산에 분산투자를 잘하면 수익을 그대로 유지하면서도 위험을 낮출 수 있다. 반대로 분산투자를 통해 위험을 그대로 유지하면서 수익을 높일 수도 있다는 것이다.

그림20 _ 마코위츠의 현대포트폴리오이론에 따른 수익률 제고 방식

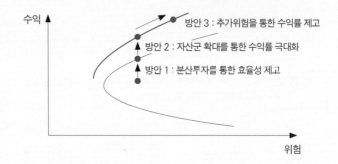

이를 도식화하면 〈그림20〉과 같다. 이 그림의 x축은 위험을, y축은 수익을 나타낸다. 위험은 낮을수록 좋고 수익은 높을수록 좋다. 따라서 누군가의 투자성과가 왼쪽으로 갈수록, 그리고 위로 올라갈수록 좋은 것이다. 펀드 매니저들은 그래서 북서쪽을 좋아한다.

투자종목이 수없이 많이 있으니 이를 조합한 경우의 수 역시 무한대에 가깝다. 하지만 종목들 간 조합을 잘한다고 위험 없이 수익을 마냥 올릴 수는 없다. 〈그림20〉의 검은색 곡선은 투자성과의 한계를 나타낸 것인데, 주어진 종목으로 거둘 수 있는 투자성과는 검은색 곡선의 오른쪽 면적으로 한정된다. 검은색 곡선의 위쪽에 본인의 성과를 찍을 수 있는 사람이 잘하는 펀드 매니저다.

그냥 그림에서 한 점 찍으면 되는 거니까 얼른 들으면 쉬운 일 같지만 실제로는 아주 어려운 일이다. 저 검은색 곡선은 미래의 추정치이기 때문이다. 지난 몇 년간 미국의 기술주가 크게 상승했지만 앞으로도 그렇다는 보장은 없다. 이런 점들을 완벽히 알아야 검은색 곡선을 제대로 그릴 수 있다. 현재 시점 저 검은색 곡선이 실제로 어떻게 생겼는지 정확히 알 방도는 없다. 그것을 해내는 펀드매니저를 '잘한다'고 말한다. 만약 그것이 가능한 펀드 매니저라면 〈그림20〉의 방안 1과 같이 주어진 위험 한도 내에서 수익을 최대화할 수 있다.

그리고 국민연금은 지난 20여 년간 그 어려운 일들을 해냈다. 그것도 세계최고 수준으로. 샤프지수가 높다는 것은 검은색 곡선의 최상단에 있다는 것인데, 국민연금 기금의 샤프지수는 상위 1% 내에 가뿐히 든다. 국민연금과 관련한 뉴스 댓글에는 기금운용을 못한다는 불만의 소리가 가득하지만, 정작 전문가들은 국민연금 기금운용을 아주 높게 평가하는 데에는 이런 이유가 있는 것이다.

과제 1: '기금운용 거버넌스 개선' 필요

짜장면이 먹고 싶다. 그냥 짜장면이 아니고 맛있는 짜장면이 먹고 싶다. 그럼 해야 할 건 간단하다. 동네에서 가장 짜장면을 잘하는 주방장이 있는 중국집으로 가는 것이다. 투자도 비슷하다. 내 돈을 잘 굴리고 싶으면 가장 잘하는 펀드 매니저에게 맡기면 된다. 돈을 송금하고 어떤 방식의 투자를 할지, 위험수준은 어느 정도로 할지 정도만 정해서 알려주면 된다.

국민연금 기금의 운용을 전문가에게 오롯이 맡겨야 한다는 주장은 이러한 인식에 가깝다. '짜장면은 주방장에게, 투자는 투자전문가'에게 이런 정신이다. 하지만 이는 국민연금의 특성을 제대로 고려하지 않은 협소한 생각이다.

국민연금은 딱히 자기 생각이 없는 사람들(=국민연금 가입자)을 한데 모아서 강제로 중국집에 데려간 것이라 할 수 있다(=국가에 의한 강제가입). 음식값을 내주지도 않고(=재정투입 없음), 메뉴도 하나로 통일해야 한다(=단일 제도 및 기금). 이런 상황에서는 솜씨 좋은 주방장(=투자전문가로 구성된 기금운용본부)이라도 선뜻 메뉴를 정할 수 없는 노릇이다. 게다가 사람들은 강제로 끌려와 잔뜩 화가 나 있다. 요리엔 달인인 주방장이라도 강제로 식당에 온 손님들이 메뉴를 결정해(=투자가능 자산군 정의 및 전략적 자산배분을 통한 위험수준 결정) 주문을 해야 맛있는 음식을 내놓을 수 있다.

국민연금 가입자수는 국민의 절반인 2,500만 명에 육박한다. 이들이 토론하여 메뉴를 정하는 건 불가능하다. 그래서 국민연금은 그 역할을 관련 부처 고위관료들과 가입자를 대표하는 단체가 추천한 위원들로 구성된 기금운용위원회에 위임했다. 주방장과 끌려온 고객들 사이에 대표성을 띤 기구를 둔 것이다. 기금운용위원회는 실질적으로 기금운용 거버넌스상 최상위 의사결정기구다.

그림21 _ 현재 국민연금 기금 지배구조

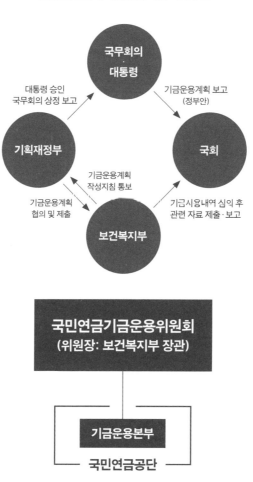

기금운용위원회의 가장 큰 역할은 메뉴를 정하는 일과 같은 전략적 자산배분, 즉 위험자산 대 안전자산의 투자비중을 설정하고 투자의 대상이 되는 자산군을 정의하는 일이다. 기금운용본부는 기금운용위원회가 정한 투자정책을 최대한 따르되 나름의 전문성을 바탕으로 수익률을 추가하는 역할을 맡은 실행조직이다. 앞선 〈그림20〉에서 방안 1은 기금운용본부가, 방안 2와 3은 기금운용위원회가 담당하는 것이라 보면 얼추 맞다.

　　이는 공적연금 기금운용의 표준적인 문법이기도 하다. 기금운용본부의 운용역들은 국민연금 제도를 잘 안다거나 가입자의 사정을 잘 이해하는 사람은 아니다. 주식이면 주식, 채권이면 채권, 각자의 전문영역에서 최고의 성과를 냈기에 국민연금 기금운용본부에 운용역으로 고용된 것이다. 주방장과 같은 이들에게 가입자를 대표하여 주문하는 역할은 기금운용위원회가 맡는다.

　　일례로 2001년 국내 채권에만 투자했던 국민연금이 처음으로 주식을 자산으로 취득할 때로 돌아가보자. 주식투자를 두고 우리 사회가 찬반 양론으로 나뉘어 치열한 사회적 논란을 벌였다. 당시 관련 신문기사 제목을 몇 개 뽑아봤다.

- 국민일보 2001.2.14 "연기금 주식투자 확대 안돼"
- 동아일보 2001년 1월 5일 "연기금 주식투자 비율 확대"
- 한국경제 2001년 4월 13일 "연기금 주식투자, 증시 튼튼하게 한다"
- 동아일보 2001년 2월 11일 "[금융]연기금 증시투입 긴급진단 …
  가입자들 "누구맘대로"

- 한국경제 2001년 4월 25일 "[국회 보건복지위]국민연금 무분별 주식투자 집중 추궁"
- 매일경제 2001년 4월 17일 "연·기금 주식투자 허용해야"
- 한국경제 2001년 4월 11일 "연기금 주식투자 찬반 '팽팽'"

20여 년이 지난 지금, 당시 국민연금의 주식투자 비중 확대에 부정적인 의견을 갖는 사람은 많지 않을 것으로 보인다. 만약 주식투자를 하지 않았다면 수익률은 지금보다 상당히 낮았을 테고, 결과적으로 제도의 지속가능성도 상당히 훼손되었을 테니까.

하지만 당시는 달랐다. "국민의 소중한 노후자금을 돈놀이판인 주식시장에 투자했다가 모두 날리면 어쩌나"라는 인식은 주식투자를 반대하는 가장 큰 논리였고, 이는 쉽게 극복되지 않았다. 이런 가치 판단이 필요한 과제를 돌파하는 게 바로 기금운용위원회다. 기금운용본부는 투자전문가들이 있는 곳이지, 사회적 논란이나 갈등을 해결하는 전문가들이 있는 곳이 아니다.

주방장이 어떤 메뉴를 요리해야 할지 고민할 때, 강제로 모이게 된 사람들의 대표가 나서서 주문을 하고, 주방장은 신명나게 자신이 잘하는 요리에 집중하는 것과도 같다. 결과적으로 국민연금은 외부의 비판에 큰 신경을 쓰지 않고 동전의 수를 꾸준히 늘려갈 수 있었다.

초기에는 기금운용위원회의 위원들이 투자전문가가 아님에도 상식선에서 중요한 판단을 할 수 있었다. 국내주식과 국내채권 위주로 투자를 했기 때문이다. 하지만 기금이 천문학적으로 쌓이며 투자방식은 더욱 고도화되고 복잡해지기 시작했다.

현재 기금운용위원회는 정부위원과 노사 가입자대표 위원, 전문가 2명으로 구성되어 있다. 정부위원은 대부분 투자와 전혀 관계없는 부처(기획재정부, 농림축산식품부, 산업통상자원부, 고용노동부)의 고위관료이고, 역대 가입자대표 역시 대부분 변호사 · 노조위원장 · 종교인 · 사회복지학자 등 기금운용에 전문성이 없는 인사들로 구성되어 왔다. 기금운용위원회는 위원들의 전문성 자격요건이 없다.

시간이 흐르면서 위원들의 전문성에 대한 우려의 목소리가 높아졌다. 투자전문가도 국민연금 기금의 투자전반을 제대로 이해하기 어려울 정도가 되었는데 과연 전문성이 결여된 기금운용위원회가 제대로 알고 의사결정을 하냐는 것이 비판의 핵심이었다.

과제2 : 돌고돌아 결국, 국민연금 제도개혁

국민연금 기금은 2023년 기준 55~60% 정도의 비중으로 위험자산에 투자하고 있다. 안정적인 투자라고 얘기할 수 있는 최대한의 위험자산 비중이라 보면 된다. 그럼에도 이미 큰 폭의 손실이 났다. 2022년 기록한 -8.2%의 손실은 국민연금 기금의 현재 자산배분 하에서 필연적으로 발생했을 일이다. 앞으로도 시간의 문제일 뿐 또 발생할 것이다. 지금보다 위험수준을 올리면 장기수익을 개선시키겠지만, 동시에 2022년보다 더 큰 손실 역시 감내해야 한다. 기금운용위원회의 역할을 넘어서는 영역이다. 주무부처인 복지부의 고위관료들이 "국민연금은 안정적으로 관리되고 있습니다"라고 하는 상황에서 사회적인 합의도 없이 가입자단체의 추천인사들이 위험수준을 상향시키는 건 아주 부담스러운 일이다.

여기에 더해 전에 없던 어려운 문제가 한 가지 더 생겼다. 투자가 가능한 기간이 얼마 남지 않았다는 점이다. 통상적인 인식은 개혁 없이 이대로 가면 2040년대부터 기금이 줄어들고 2050년대에 기금이 고갈된다는 것이다. 그래도 기금고갈까지는 30년이 남았고, 기금소진기가 시작되는 것도 20년가량 남았으니 어느 정도 여유가 있다는 인식이 지배적이었다. 그러나 자산을 팔아야 하는 시기가 다가오면 위험수준을 높이기가 힘들다. 안타깝지만 우리에게 오랜 시간이 남아 있지 않다.

표10 _ 제5차 재정추계 재정수지전망

단위 : 경상가, 십억 원, %

연도	적립기금	수입			지출		수지차	적립배율	보험료율
		총수입	보험료수입	투자수익	총지출	연금급여			
2023	950,344	101,735	58,633	43,102	40,341	39,521	61,394	22.0	9.0
2030	1,387,291	137,489	76,019	61,470	79,227	78,152	58,262	16.8	9.0
2040	1,754,934	182,144	103,530	78,614	176,850	175,274	5,293	9.9	9.0
2050	1,026,886	174,279	126,030	48,248	323,669	321,370	-149,390	3.6	9.0

위 표는 2023년 9월 1일 공개된 5차 재정추계보고서의 국민연금 재정수지 전망이다. 눈여겨볼 부분은 2030년이다. 2030년의 총수입은 137조이고 총지출은 79조다. 137조가 들어오고 79조가 나가니 딱히 문제가 없어 보인다. 하지만 총수입 137조는 보험료 수입 76조

와 투자수익 61조를 합한 금액이다. 보험료 수입으로 연금급여를 지급하려면 3조 원가량이 부족해 다른 곳에서 끌어와야 한다.

2030년의 투자수익 61조는 투자한 자산의 평가가치 상승분이다. 현금이 아니다. 주식이나 채권으로 연금급여를 지급할 수는 없지 않은가. 모자란 3조를 마련하려면 뭔가를 팔아야 한다. 국민연금 역사상 처음으로 연금급여를 지급하기 위해 기금을 깨야 하는 것이 2030년이다. 그래도 이 정도 금액은 주식배당을 재투자하지 않거나 만기채권을 연장하지 않는 식으로 자산매각 없이 마련할 수 있을지도 모른다. 하지만 불과 5년 후인 2035년에는 보험료 수입은 89조, 급여 118조이므로 모자라는 30조가량의 거액을 기금에서 끌어와야 한다. 뭔가를 팔지 않고는 마련할 수 없는 금액이다.

2040년까지 기금이 커지는 것으로 보이지만 이는 기금운용수익률 덕에 평가액이 늘어나서 생긴 착시다. 2024년 현재 기준으로 6년 뒤인 2030년부터 국민연금 기금은 자산을 매각하기 시작해야만 한다. 국민연금은 많은 국내 상장사의 최대주주다. 이런 국민연금이 시장에 주식을 팔기 시작한다면? 자본시장의 충격이나 기업들의 자금조달 비용 상승은 차치하더라도 제값을 받고 주식을 팔 수 있을까? 심지어 세계의 모든 큰손들은 국민연금이 언제 얼마나 현금이 필요한지 정확히 알고 있는 상태다. 게다가 기금의 자산매각은 일회성이 아니며 그 뒤 25년간 그 폭을 넓히며 꾸준히 이어져야 한다.

'연못 속 고래'인 연기금 매도 시 자본시장 충격

해외투자분은 그렇다 치더라도 국내주식 시장의 충격은 불을 보듯

뻔하다. 자본시장은 정부의 개입으로 어떻게 해볼 수 있는 곳이 아니다. 이대로 가면 기금이 자산을 매각했을 때 손에 쥐는 현금은 추계상의 평가액에 한참 못 미칠 개연성이 대단히 크다. 앞서 기금적립액을 미래에 사용할 수 있을지 미지수라고 언급한 것은 이런 의미에서다.

이번에 제도개혁에 실패한다면 기금운용수익률을 올리겠다는 생각은 사치가 된다. 기금의 유동화 충격은 6년 뒤로 예정되어 있기 때문이다. 국내주식으로 한정하자면 수익률은 포기하더라도 내일부터라도 주식을 조금씩 현금화하여 채권이나 현금으로 갈아타는 것이 우리가 고를 수 있는 유일한 선택지다. 그래야 그나마 지금 평가액과 비슷한 정도의 현금을 2030년 이후부터 손에 쥘 수 있을 것이다.

기금운용본부의 투자실행은 기금운용위원회의 투자정책에 종속된다. 그리고 기금운용위원회의 투자정책은 국민연금제도에 종속된다. 운용성과를 개선하려면 돌고돌아 결국, 제도개혁을 먼저 고민해야 하는 이유이다.

06

그래도, 국민을 위한 국민연금은 있다 :
연금개혁3115

지금껏 한국의 국민연금 개혁논의의 장에서 한 번도 등판하지 않은 선수가 있다. 바로 정부재정(예산)이다. 공교롭게도 국민연금 사업을 안정적으로 운영할 책임이 있는 정부가 정부예산을 국민연금에 거의 쓰지 않고 있다. 세계적으로 공적연금을 굴리는 가장 큰 재원은 1. 가입자가 내는 보험료 2. 정부의 재정 3.기금 운용 수익, 이세 가지이다.

국민연금은 그동안 은퇴 인구가 적고 돈이 계속 쌓이기만 해서 정부가 재정을 쓸 이유가 적었다. 정부재정 투입이 거의 없이 운용되다 보니 국민연금개혁은 늘 가입자의 보험료(또는 소득대체율)와 연기금 운용수익만으로 수지타산을 마치고자 노력해 왔다. 그러나 세계적인 기준으로 봤을 때 공적연금에 정부재정이 전혀 없다는 것은 매우 이해하기 힘든 회한한 일이다.

우리는 이번 장에서 새로운 대안으로 정부재정 지원을 전제로 한 연기금 안정방안을 제시하고자 한다. 결론부터 말하자면 1,000조 원이나 되는 연기금을 갖고 있는 국민연금의 경우 정부의 재정지원이 뒷받침될 경우 100년 이상 든든한 연금재정을 확보할 수 있다는 것이다.

다만 이런 개혁이 성공하려면 아직 충분한 경제활동인구가 남아 있는 지금 당장 시작해야 한다. 지금이 국민연금개혁의 골든타임이다.

두 바퀴만으로 싸우는
'재정안정론 vs. 소득보장론'

이 책을 여기까지 찬찬히 읽어본 독자라면 현 국민연금제도의 핵심 문제는 다음 세 가지임을 잘 알게 되었을 것이다.

1. 보장성 미비: 낮은 소득대체율과 넓은 사각지대
2. 세대 간 불평등: 지속 불가능한 연금재정 – 연기금 고갈과 미래 세대 부담
3. 세대 내 불평등: 왜곡된 A값과 포퓰리즘적 기초연금

저출생 등 우리나라의 미래전망이 부정적인 점을 감안하면 국민연금의 미래 역시 어둡게만 느껴진다. 보험료를 대폭 올리거나 기금운용수익률을 엄청 올리면 해결되겠지만, 이는 탁상공론일 뿐 20년 넘

게 보험료가 9%에 묶여 있을 정도로 현실에서는 거의 불가능한 시나리오다.

앞서 언급한 바 있는 국민연금개혁에서 대립하고 있는 두 전문가 그룹, 이른바 '소득보장론자'와 '재정안정론자'들의 주장을 살펴볼 필요가 있다.

앞으로 자세하게 설명하겠지만 이 두 집단은 국민연금을 두 바퀴, 즉 보험료(소득대체율)와 기금운용 두 가지만으로 개혁하려고 하다 보니 합의 가능한 해결책을 제시하지 못하고 있다고 생각한다.

재정안정론자의 연금개혁

양측 갈등이 표면화되는 결정판이었던 2023년 재정계산위원회 공청회에서 공개된 보고서를 보자. 보고서에는 총 18개의 개편안이 나온다. 보험료 인상 3개 시나리오, 기금운용수익률 개선 3개 시나리오, 수급개시연령 연장 2개 시나리오의 조합이다. 그 내용은 다음과 같다.

- 보험료 인상 시나리오: 12%(3%p↑), 15%(6%p↑), 18%(9%p↑)
- 기금운용수익률 개선 시나리오: 4.5%(현행 유지), 5.0%(0.5%p↑), 5.5%(1.0%p↑)
- 수급개시연령 연장 시나리오: 현상태 유지, 최대 3년 연장

보험료를 단박에 18%까지 인상한다는 것은 비현실적이라는 인식이 지배적이다. 그렇다면 보험료 9%p 인상을 담고 있는 6개를 제외한 나머지 12개 시나리오 가운데 향후 70년 동안 기금이 소진되지 않

는 안은 1개가 존재한다. 보험료 15%, 수급개시 68세(3년 연장), 기금 운용수익률 1%p 증대가 그것이다.

표11 _ 연금개혁 시나리오별 기금소진 시점

연금보험료율 조정시 ( ):2025년부터 적용		연금 수급개시연령 조정시	
	기금소진시점		기금소진시점
현행 9%	2055년	63세	2055년
12%(0.6%p씩 5년간)	2063	66세	2057
15%(0.6%p씩 10년간)	2071	67세	2058
18%(0.6%p씩 15년간)	2082	68세	2059

재정안정론 기반 개혁안에 대한 평가

재정안정론자의 개혁안은 세대 간 불평등 문제를 해소하는 것을 목표로 한다. 이번 개혁이 완료된 이후 적어도 두 세대가량은 추가적인 보험료 인상이나 수급액 삭감 없이 제도가 그대로 유지될 수 있도록 하자는 것이다.

하지만 보장성 미비와 세대 내 불평등은 여전하다. 아니, 수급개시연령이 3년 늦춰졌다는 점에서 보장성은 심각하게 약화된다고 보는 것이 옳다. 2021년 기준 한국인의 기대수명은 약 84세이니 연금을 수령받는 기간은 19년가량이다. 여기서 3년을 줄이면 실질적으로 연금급여를 16% 삭감하는 셈이다. 국민연금 수급개시연령인 65세의 기대여명*인 21.6년으로 적용해도 14%에 가깝게 연금급여가 삭감된다.

수급개시연령을 연장하는 것은 재정안정을 위해 수급액을 줄일 필요가 있고, 기대수명이 늘어나 더 오래 일을 할 수 있다는 인식에 기반한 것으로 보인다. 실제로 2012년 80.9세였던 기대수명은 2021년 83.6세로 3년 가까이 증가했다. 그러나 경제활동은 기대수명이 아닌 건강수명**에 직접적으로 영향을 받는다. 한국의 평균건강수명은 2020년 기준(〈표12〉 참고) 66.3세에 불과하다. 수급개시연령을 68세로 늘리면 그야말로 은퇴한 이후 노후를 즐기기는커녕 죽을 때까지 일하라는 소리밖에 안 된다.

재정안정론자의 개혁안은 분명 재정안정 방안을 제시하고 있다. 그러나 연금제도를 시행하는 이유를 잊은 것 같다. 노인을 빈곤하게 만들어 연금재정을 지키는 게 과연 정당한 연금개혁이냐는 비판에 대한 답을 내놓아야 할 것이다.

---

* 출처: 2021년 기준 통계청 완전생명표
(https://kosis.kr/statHtml/statHtml.do?orgId=101&tblId=DT_1B42)
기대여명은 현재 나이에서 남은 기대수명을 말한다. 65세의 기대여명이 21.6년이라는 의미는 현재 65세인 사람이 86.6세까지 살 수 있을 것이란 의미이다.

** 건강수명은 1) 객관적 자료 기반의 유병기간 제외 기대수명과 2) 주관적 평가 기반의 기대수명으로 측정되는데, 의료 및 보건계에서는 1)번을 좀 더 적절한 방식으로 평가하고 있다. 일부 언론에서 건강수명이 늘었다는 기사들이 있으나 이는 2) 주관적 평가 기반 데이터를 사용했기 때문이다. 좀 더 자세한 사항은 다음 자료를 참조하기 바란다.

https://www.index.go.kr/unity/potal/main/EachDtlPageDetail.do?idx_cd=2758
http://www.newsmp.com/news/articleView.html?idxno=208269

수급개시연령과 건강수명

최근 들어 수급개시연령을 늦추는 연금개혁안이 자주 등장하고 있다. 기대수명이 증가해 연금재정이 취약해진 만큼 연금 수급시기를 늦추는 게 당연한 일처럼 느껴지기도 한다. 국민연금의 경우 60세였던 연금개시연령을 65세로 늦추었다. 그런데 여기서 3년을 더 늦추면 어떻게 될까? 아래 표는 지난 10년간 기대수명과 건강수명을 조사한 결과다. 건강수명은 기대수명에서 유병기간을 제외한 것으로 경제활동을 할 수 있는 기간이라고 이해하면 된다.

2012년에서 20년까지 기대수명은 약 3세가량 늘어났지만 건강수명은 0.6세 늘어나는데 그쳤다. 건강수명이 기대수명처럼 계속 증가할 것이라는 통계적인 증거도 불확실하다. 의료기술의 발달은 생명을 연장시켰지만 건강수명까지 크게 늘리지는 못한 셈이다.

표12 _ 한국인 기대수명과 건강수명(단위 : 세)

연도	2012	2014	2016	2018	2020
기대수명	80.9	81.8	82.4	82.7	83.5
건강수명	65.7	65.2	64.9	64.4	66.3

출처 _ 통계청

건강상태와 경제력은 비례한다. 통계적으로 저소득층의 평균수명은 고소득층보다 짧다. 따라서 수급개시연령을 68세로 올리면 평균수명이 짧은 저소득층에게는 실질적으로 급여 삭감의 폭이 훨씬 크다. 저소득층이 평균적으로 연금급여를 수령하는 기간이 더 짧기 때문이다.

다음의 〈그림22〉는 한국보건사회연구원 조사결과인데, 소득계층별 기대수명과 건강수명을 나타낸 것이다. 최저소득계층의 평균수명은 78.6세, 최고소득계층은 85.1세로 나타났다. 수급개시연령이 68세로 3년 늦춰지면 소득1분위(저소득)는 10.6년간 국민연금을 수령하게 된다. 실질 연금삭감액 비율은 22.1%다. 이에 반해 5분위(고소득)는 17.1년간 연금을 수령하기에 실질 연금삭감액 비율은 14.9% 정도다.

그림22 _ 소득 분위별 기대수명 · 건강수명
'10~'15 건강보험공단 자료, '08~'14 지역사회건강조사 자료 등 분석 결과

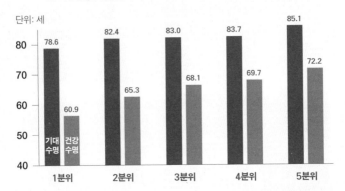

※건강수명 : 기대 수명 중 질병 부상으로 고통받은 기간을 제외한, 건강한 삶을 유지한 기간

표13 _ 소득계층별 연금액 삭감 비율 차이

	1분위	2분위	3분위	4분위	5분위
기대수명(세)	78.6	82.4	83.0	83.7	85.1
개혁 전 연금수급기간(년)	13.6	17.4	18.0	18.7	20.1
개혁 후 연금수급기간(년)	10.6	14.4	15.0	15.7	17.1
급여삭감 비율(%)	-22.1	-17.2	-16.7	-16.0	-14.9

한국의 취약한 노동환경과 복지체계 하에서 국민연금의 수급개시 연령까지 68세로 늦춰진다면 중하위 노인들은 직격탄을 맞을 수 있다. 특히 최저소득인 1분위 노인들의 건강수명은 60.9세니까 현재 수급기준인 65세까지도 비티기 힘든데 3년을 더 기다려야 한다면 이는 너무 가혹한 조건이다.

최근에는 재정안정론자뿐 아니라 소득보장론자 역시 수급개시연령 연장이 반드시 필요하다며 목소리를 높이고 있는 실정이다. 연금 선진국인 북유럽 국가 중 연금 수급개시연령을 크게 늦추는 나라의 사례를 근거로 그런 주장을 하는 것으로 보인다. 그러나 전 생애에 걸쳐 탄탄한 복지체계를 구축한 이런 나라와, 열악한 노동환경과 빈부격차가 극심한 우리나라의 상황은 다르다.

소득보장론자의 연금개혁

2023년 연금개혁을 위한 재정계산위원회에서 의견이 조율되지 않아 재정계산위에서 2명의 위원이 사퇴했는데, 그들은 소득보장론에 입각한 개혁안을 담은 대안보고서를 별도로 냈다. 이 보고서에 따르면, 애초 국민연금제도를 만들 때부터 연기금 고갈은 예견된 것이었다고 한다. 당시 예상보다 저출생 고령화가 심화되었기 때문에 그 정도만큼만 고통 분담을 더 하면 된다고 생각한 것이다. 또한 이미 유럽의 선진국들은 연금보험료로 자기 소득의 20% 넘게 부남하고 있기 때문에 우리나라도 결국 그 길을 가야 할 것이라고 보고 있다.

연금재정이 고갈되는 것은 피할 수 없지만 지금보다는 조금 더 연착륙하는 재정안정 방안을 주장한다. 공적연금은 생산세대의 소득을 은퇴세대에게 나눠주는 것이기에 경제성장을 고려하면 후세대가 더 많이 부담하는 것이 당연하다는 입장이다.

이러한 인식 하에서 소득보장론자의 대안보고서는 보험료 13% (4%↑)와 함께 소득대체율을 50%로 끌어올리자고 제안한다. 기금고갈은 지금부터 30~40년 뒤에 발생하는데, 그때에 자연스럽게 부과식 연금으로 전환하자는 주장이다.

소득보장론 기반 개혁안 평가

소득보장론자가 주장하는 개혁안은 현 국민연금제도의 보장성 미비 문제를 해결하는 것에 방점을 찍고 있다. 소득대체율을 50%로 올리고 크레딧 지급 등을 통해 사각지대를 해소하자는 것이 핵심내용이다. 보험료를 13%로 올려 늘어난 비용으로 인한 추가 재정불균형을 어느 정도 해소하려 했다.

보장성은 개선되겠지만 세대 간 불평등 문제는 지금보다 심화된다. 소득보장론자의 대안을 보면 현세대는 보험료로 GDP의 3.8%, 미래세대는 GDP의 11.3%를 부담하게 된다. 미래세대가 현세대보다 GDP의 7.5%만큼 보험료를 더 부담해야 한다는 의미다. 이러한 개혁 방식이 유지되려면 인구구조를 개선해야 하고 국가 경제성장이 계속되어야 하는 어려움이 있다. 무엇보다 기금고갈 이후 세대가 GDP의 11.3%를 기꺼이 부담해줘야 하는 과제가 있다.

소득보장론자들의 개혁안이 현재의 젊은 세대에게 다가가지 못하는 이유가 바로 이 지점이다. 소득보장론자들이 제시하는 미래가 오지 않으면 가장 큰 피해를 보게 되는 세대가 지금의 2030과 그 자녀들이기 때문이다. 그래서 소득보장론자들이 그리는 미래는 선언적이다. 구체적인 실행방안은 제시하지 못한다는 평가가 나온다.

답은 없나? 평행선을 달리는 소득보장론과 재정안정론

국민적 합의가 필요한 연금개혁에 양측의 학자들이 대립하니 단일화된 방안을 못 만들 수밖에 없다. 최선이 아니면 차선책이라도 내놓아야 하는데 학문적 타협을 하지 못하는 학자들, 그리고 보수와 진보, 여당과 야당의 시각 차이까지 더해지다 보니 끝내 모두가 만족할 만한 개혁안은 도출되지 않는다. 게다가 국민연금이 갖고 있는 '세 가지 핵심문제'를 모두 해결하는 방안은 나오지 못했다. 정말 이를 해결할 묘안은 없는 걸까?

왜 전 세계 모든 국가들이 공적연금에 쓰고 있는 정부의 재정투입을 고려하지 않는 것인가. 기존 생각의 틀을 조금만 깨면 충분히 가능한 수준의 추가부담으로 위의 세 가지 문제를 어렵지 않게 해결할수 있다. 필자들은 보험료 3%p 인상과 연간 정부재정 GDP 1% 투입, 기금운용수익률을 1.5%p 개선하는 연금개혁안을 제시하고자 한다. 3-1-1.5 제고를 통해 국민연금의 재정과 소득을 안정시키는 방안이다. 이를 '3115개혁'이라고 줄여서 쓰도록 하겠다. 3115개혁은 재정안정을 위한 모수개혁과 소득보장 강화를 위한 구조개혁을 동시에 추진한다.

연금개혁3115 Part1 :
'공평하게' 100년 가는 연금재정

지금껏 한국의 연금개혁은 보험료와 소득대체율을 조정하는 방법에만 몰두했다. 그런데 국민연금에 대한 국민들의 불신, 그리고 기업부담 증가를 이유로 정부는 보험료를 9%에서 더 이상 올리지는 못하고 소득대체율만 깎았다. 그 결과는 노후소득이 아니라 용돈연금이라는 비아냥과 대규모 노인빈곤 문제로 이어졌다.

불행 중 다행인 것은 연금제도에서 소외된 앞세대의 아픔을 담보로 1,000조 원이나 되는 연기금이 생겼다는 점이다. 보험료는 낮았지만 꾸준히 기금에서 생긴 수익금이 연금재정에 큰 보탬이 되고 있다.

그러나 천문학적인 금액을 투자하면서 초과수익률을 내는 건 쉬운 일이 아니다. 장기적으로 추계보다 1~2%p 정도 수익률을 올리는 게 현실적인 상한이다. 미래의 수익률만 믿고 연금재정을 꾸리는 것 자체도 위험하다. 이제 남은 건 정부재정의 역할이다. 특히 세계적인 기준으로 볼 때 한국정부의 연금지원 금액은 턱없이 낮기 때문에 이를 끌어올릴 여지가 충분하다. OECD 연금전문가들의 분석도 마찬가지였다.

3115라는 이름의 연금개혁안은 바로 보험료와 기금, 정부재정의 역할을 잘 조율해 연금재정을 튼튼히 하자는 것이다. 보험료 3%p 인상과 기금수익률 1%p 증대는 보건복지부 산하 재정계산위원회가 제안한 연금개혁안 중에 가장 낮은 수준이다. 여기에 투자방식을 조금만 더 개선하여 기금운용수익률 개선분을 1%p가 아닌 1.5%p로 끌어올리고 정부재정을 매년 GDP의 1%만 쓰자는 것이다. 때마침 단군이래 한국의 경제규모가 가장 크고 경제활동인구가 정점인 이때, 잘 티도 안 나는 감세정책을 펴기보다는 오히려 재정을 조금 앞서 쓰면 훨씬 효율적인 연금재정, 좀 더 나은 노후를 만들 수 있다는 게 김우창 교수의 연구 결과이자 이 책을 쓰는 3인의 공통된 주장이다.

3115로 인한 연금재정 안정화

3115개혁은 보험료를 지금보다 3%p 올려(**3**115) 12%로, 실질적으로 거의 투입되지 않았던* 정부재정을 연간 GDP 1% 투입(31**1**5),

---

* 2022년 예산안 기준, 정부가 재정으로 국민연금제도에 기여하는 금액은 두루누리(소규모 사업장의 사회보험료 지원) 사업과 농어업인 및 저소득층 보험료 지원사업 등을 포함하여 GDP의 약 0.05%인 총 1조 원가량이다(출처:공적연금강화국민행동). 하지만 연 5,500억 원에 이르는 국민연금공단 관리운영비 거의 대부분이 기금에서 지출되며, 정부재정은 100억 원가량만 사용되는 것을 감안하면 정부의 재정투입은 국민연금의 규모를 고려했을 때 아주 미미한 수준이다.

기금운용수익률을 지금보다 1.5%p[*] 올려 장기적으로 연평균 6%로 (31**15**) 하는 것을 의미한다^{**}. 기금운용수익률은 장담할 수 없는 영역이어서 기금과 재정의 역할은 상호보완적인 관계가 될 수도 있다. 만약 정부재정 투입이 GDP의 2% 수준이 투입되더라도 국제기준으로 볼 때 여전히 낮은 수준이다.

표14 _ 3115개혁의 개요

	연간보험료	연간 재정투입	연평균 기금운용수익률
인상폭	+3%p	+1%p (GDP 대비)	+1.5%p
현제도 대비	9% ▶ 12%	0 ▶ 1%	4.5% ▶ 6%

개혁의 속도는 빠를수록 좋다. 수지적자는 개혁이 완료될 때까지 계속 늘어나니까. 그렇다고 한 번에 보험료를 3%p나 올릴 수는 없다. 그렇게 하면 우리 사회의 가장 약한 고리인 자영업자와 중소기업이 망가져 버린다. 국민연금 살리자고 일자리를 없애 버리는 것이기 때문이다. 보험료 인상폭은 GDP 상승률보다 상당히 낮아야만 한다. 그래야 사회적 약자들이 개혁과정을 버틸 수 있다.

GDP의 1%는 국민연금 보험료율을 약 3.5%p 올리는 규모인데,

---

[*]   계산상 정확한 수치는 1.53%이나 편의상 반올림한 값인 1.5%로 기술한다.

^{**} 3115개혁은 보험료 3%p 인상, 정부재정 GDP의 1.5% 투입, 기금운용수익률 1%p 개선으로도 동일한 효과를 거둘 수 있다. 두 개혁안의 효과는 실질적으로 동일하며, 편의를 위해 보험료 3%p, 정부재정 GDP의 1%, 기금운용수익률 1.5%p 조합만으로 구체적인 논의를 하고자 한다.

2022년 기준 약 22조 원 정도다. 갑자기 투입하기에는 정부의 재정에 큰 무리가 가는 거액이다. 이 역시 경제성장과 정부재정 규모 확대에 발맞춰 차근차근해야 할 일이다.

이런 현실을 반영하여 3115개혁은 2025년에 개시하여 2030년에 완료하는 것 즉, 5년간 점진적으로 개혁을 완성하는 것을 목표로 한다. 구체적인 개혁 스케줄은 다음 표와 같다. 기금운용수익률의 역시 장기적으로 수익률이 낮을 것이라 평가되는 국내 투자분을 해외 및 대체투자로 돌려 기대수익률을 2030년 이후 6%대로 끌어올리는 것이다.

표15 _ 3115개혁의 스케줄

연도	~2024	2025	2026	2027	2028	2029	2030~
보험료	9%	9.5%	10%	10.5%	11%	11.5%	12%
재정투입 (GDP대비)	0%	0.16%	0.33%	0.5%	0.67%	0.83%	1%

5차 재정추계는 우리나라의 미래를 아주 암담하게 그리고 있다. 장기적으로 실질 경제성장률은 무성장이나 마찬가지인 연간 0.2%로 떨어진다. 출산율도 1.2가 최대다. 기대수명은 91세까지 늘어난다. 국민연금 입장에서는 엄청나게 부담되는 수치이다.

3115개혁은 이러한 5차 재정추계 데이터를 그대로 활용해 계산되었다. 그리고 이런 개혁이 성사된다면 향후 100년간 연기금 규모가

GDP의 120% 수준에 도달한 뒤 100년 동안 그 수준을 유지한다는 사실을 확인하였다. 사실상 영구적으로 기금이 고갈되지 않는 구조이다.

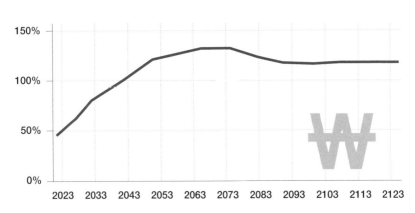

그림23 _ 3115개혁 성공시 GDP 대비 기금 규모

기금유지는 3115개혁의 목표가 아니라 수단일 뿐이다. 기금을 GDP의 120% 수준으로 유지해서 국민연금 재정을 보험료와 재정, 기금의 세 바퀴로 지탱해 가자는 것이다. 3115개혁은 최소한 인구구조가 매우 안 좋은 향후 100년간 기금이 유지된다. 국민연금 역사상 처음으로 보험, 재정, 기금 등 세 바퀴로 장기재정균형을 이루자는 것이다.

만약 소득대체율을 50%로 올리려고 해도 재정의 도움이 있으면 훨씬 쉬워진다. 보험료 3%p 인상과 기금운용수익률 1.5%p 증대를 전제조건으로 놓고 국민연금 소득대체율을 50%로 높이기 위해서는

GDP의 1.7%(1% 목표보다 0.7%p 인상)만 투입하면 된다. 투입된 재정이 연기금으로 들어갈 경우 연기금의 원금이 커져 더 높은 수익이 생기기 때문에 가능한 일이다.

3115개혁 : 미래세대에 '반값연금' 효과

3115개혁은 베이비 붐 세대가 모두 은퇴하지 않고 경제활동을 할 때 재정을 효과적으로 투입해 기금을 균형상태로 끌어올리자는 것이다. 균형점에 도달한 기금은 인구구조가 악화된 미래에 연금급여의 절반 가량을 책임지게 된다. 3115개혁은 미래세대의 부담을 거의 절반으로 줄여주는 '반값연금' 개혁인 것이다.

표16 _ 3115개혁 이후 연금급여 분담구조

	보험료	재정	기금수익금	합계
GDP 대비 분담액	3.5%	1%	4.35%	8.85%
분담비율	40%	11%	49%	100%

수급액 삭감 없이 기존의 방식인 보험료 인상으로만 문제를 해결하려면 보험료를 현재의 두 배 이상으로 급격하게 올려야 한다. 자영업자 또는 중소기업은 감당하기 힘든 수준이다. 따라서 정부재정이 이를 나눠서 부담하자는 것이다. 이런 시나리오가 가능한 이유는 한국이 세계에서 가장 높은 연기금을 보유하고 가장 낮은 정부 지원을 받

고 있기 때문이다. 이런 점을 활용하면 한국은 가장 적은 보험료로 연금제도를 유지하는 모범적인 사례를 만들 수 있다.

게다가 3115개혁은 단 한번의 개혁으로 국민연금제도를 100년 이상 지속할 수 있기 때문에 연금부담에 따른 세대 간 불평등에 대한 논란을 종식시킬 수 있다. 이처럼 앞서 전제했던 국민연금의 세 가지 핵심문제 중 지속불가능한 재정과 그로 인한 세대 간 불평등 문제는 얼추 해결될 수 있다.

연금개혁3115 Part 2 :
사각지대 해소와 실질소득을 높이는 구조개혁

국민연금은 연기금의 고갈 문제가 촉발하면서 사회적 논란을 일으켜 왔다. 저출생 고령화라는 인구구조의 변화가 그 배경에 있다. 이후 벌어진 국민연금 문제는 대부분 연기금의 고갈, 보험료를 더 내냐 덜 내냐, 소득대체율을 높이냐 줄이냐 등으로 압축됐다. 국민연금에는 이 외에도 다양한 제도적 헛점들이 존재하지만 연기금 고갈 문제가 모든 이슈를 하나로 빨아들인 것이다.

국민연금이 건강하려면 연금재정뿐 아니라 여러 제도적 개혁이 함께 이뤄져야 한다. 그런 점에서 3115개혁은 연금재정을 해결하기 위한 방안으로 구상되었지만, 이를 통해 나머지 국민연금 문제에 대한 해결이 훨씬 수월해지는 구조개혁을 포함한다.

엉터리 'A값' 문제 해결 ⋯ 실질적인 소득강화

앞서 언급했던 것처럼 연금 가입자의 평균소득인 A값은 국민연금에 소득재분배 기능을 넣기 위해 만들어진 것이다. 그러나 소득이 제대로 파악되지 않는 자영업자와 특수 형태 노동자, 가정주부 등 너무 많은 가입자가 평균 이하(거의 최저 수준)의 소득 구간에 몰려 있다 보니 제도적 순기능이 전혀 발휘되지 못하고 있다.

평균 이하 소득자가 전체 가입자의 75%가량이고, 평균 이상 소득자는 25%밖에 안 된다. 그러다 보니 소득재분배 기능이 매우 큼에도 불구하고 저소득자는 혜택을 체감하지 못하고 고소득자에게는 가혹할 정도로 연금액이 삭감되는 결과를 낳았다.

3115개혁은 기본적으로 연금급여를 소득비례에 충실하도록 바꾸는 방안이다. 대신 새로 추가된 GDP 1% 수준의 정부재정을 사각지

그림24 _ 현재 국민연금 급여지급방식

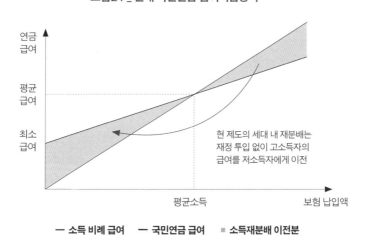

대 등 저소득층에게 더 적극적으로 사용할 것을 제안한다. 가난한 사람을 위해 지원한 재정이 연기금을 높이고, 이를 통해 국민연금의 재정 고갈 위험을 없애는 선순환 구조를 만들자는 것이다.

〈그림24〉는 현재의 국민연금 급여산식이다. 완전소득비례였다면 파란선에 맞춰 연금을 지급할 텐데, A값 기반 소득재분배로 검은 선 기준으로 급여가 지급된다. 앞서 수 차례 언급된 바와 같이 현재 급여산식은 사각지대 해소도, 세대 내 형평성도 달성하지 못한다.

〈그림25〉는 연금개혁3115가 제안하는 방식이다. 연금급여 자체는 100% 소득비례(검은선)로 한다. 보험료를 많이 내면 그만큼 더 급여를 받는 것이다. 대신 투입된 재정을 사각지대 혹은 저소득층의 보험료 지급을 위해 활용한다. 〈그림25〉에서 회색 부분이다. 따라서 그림의 파란선과 같이 저소득층 및 사각지대의 노후소득이 확장된다. 반면 평균 이상의 고소득층은 정부 지원을 안 받더라도 연금급여가 소득비례로 바뀌니까 불만이 있을 리 없다. 게다가 현재 고소득자라도 부득이한 사정으로 소득이 낮아지면 공평하게 정부 지원 대상이 된다. 모두가 만족하면서 동시에 저소득층에게 일정 수준의 연금액이 보장된다는 게 가장 큰 장점이다.

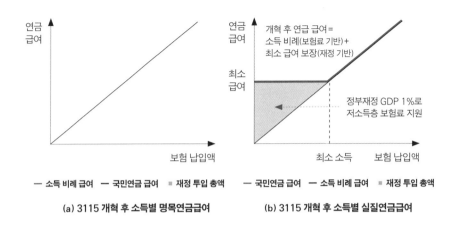

그림25 _ 연금개혁3115의 급여지급방식

(a) 3115 개혁 후 소득별 명목연금급여

(b) 3115 개혁 후 소득별 실질연금급여

3115개혁은 〈그림25〉의 (a)처럼 명목상 연금급여를 소득비례로 책정하지만 (b)와 같이 재정투입분으로 저소득층 및 연금사각지대의 보험료를 대납하여 미래세대에게 부담을 떠넘기지 않으면서도 전국민의 최소노후소득을 보장한다.

정부재정을 저소득층에 집중 지원함으로써 사각지대 해소

월세가 밀려 당장 반지하방에서 쫓겨날 상황, 갈 데도 없고 배도 고픈데 통장에는 돈 한푼 없다. 당연히 국민연금 보험료도 못 낸 지 한참이다. 요금을 못 내서 조만간 끊길 폰이 울린다. 국민연금공단이다. 수화기 너머 친절한 공단 직원은 힘들더라도 국민연금 보험료만은 내보시라고 권유한다. 국민연금에는 소득재분배 장치가 있어 지금 보험료를 내면 수십 년 뒤 연금받을 때 유리하단다.

국민연금이 아무리 저소득자에게 유리하게 설계되어 있어도 보험료를 내야 혜택을 받을 수 있다. 그러나 당장 끼니를 걱정할 정도로 진짜 힘든 사람들에게는 그림의 떡이다. 또 대부분 10년 가입기간을 채우지 못해 연금 사각지대에 남을 확률이 크다. 이들을 연금제 안으로 넣어 노후빈곤을 해결하려면 먼훗날 연금급여를 약간 더 주겠다는 약속이 아니라 지금 당장 이들의 보험료를 정부가 대신 내줘야 한다.

그것이 바로 3115개혁의 지향점이다. 어려운 사람들의 보험료를 국가재정이 미리 내주라는 것이다. 현재 가치로 볼 때 GDP의 1%는 약 22조 원가량 된다. 국민연금연구원에 따르면 2020년 기준 국민연금 사각지대는 약 1,263만 명 정도로 파악되었다. 만약 투입된 재정, 즉 GDP의 1%를 전액 사각지대의 보험료로 활용한다면 모든 사람에게 매월 14.5만 원을 지원해 줄 수 있다. 이는 월급이 120만 원인 사람이 내는 국민연금 보험료 같은 수준이다. 사각지대에 있는 모든 사람이 월급 120만 원에 해당하는 보험료를 내는 가입자로 바뀔 수 있다는 것이다.

가입자의 보험료를 전액 납부해 주지 않고 '독일 리스터연금'처럼 일부를 가입자가 자발적으로 내도록 유도하면 훨씬 더 많은 국민들에게 혜택을 나눠 줄 수도 있다. 고소득자에겐 특별한 혜택이 없지만 연금을 소득비례로 바꾸면 이들도 실질 연금액이 높아지니 불만은 없게 된다.

실직을 했거나, 몸이 아파 일을 못하거나, 출산 및 육아로 일을 할 수 없는 상황에 놓인 사람들의 국민연금 보험료를 지원하는 것. 저소득층에 소득을 나눠주는 소득재분배와 출산·군복무·실업 크레딧 등의 제도를 확대하는 것도 원래 정부가 해야 할 일이다. 이를 더 적극적으로 하자는 얘기다.

노후빈곤 때문에 발생하는 사회비용을 해소하려면 사각지대에 있는 국민에게 연금보험료를 미리 내주는 게 가장 싸게 노후소득을 만들어 주는 방법이다. 그렇게 하려면 재정을 투입해야 한다. 정부가 응당해야 할 일을 국민연금제도를 통해서 하자는 것이지, 정부가 공무원연금의 적자를 메워주듯이 일방적으로 퍼주기를 하라는 의미가 아니다. 대부분의 유럽국가들도 이런 방식으로 재정을 투입한다. 대신 그들은 막대한 수준의 연기금이 없다. 그래서 힘들어 하는 것이다. 우리에겐 1,000조 원이 있다.

3115 연금개혁, 기초연금보다 국고를 절약하는 길

3115개혁은 또한 기초연금 문제를 쉽게 해결하게 한다. 현재 노인 70%에게 지급하는 기초연금이 지속가능할 것이라고 생각하는 사람은 별로 없다. 기초연금은 최초 국민연금제도 도입시 소외된 노인들을 위해 만들어진 노령수당제도에 뿌리를 두고 있다. 국민연금이 자리 잡으면 사라지거나 크게 축소되어야 했을 한시적인 제도다.

현행 국민연금의 사각지대에 있는 빈곤 문제를 해소하려면 기초연금을 직접 주는 방식이 필요하다. 현재 기초연금 예산은 약 20조 원, 즉 GDP의 1%에 해당한다. 20년 후엔 한 해 100조 원이 필요하다. 이대로 가면 향후 GDP의 4.5%까지 늘어난다.

그러나 이제 어떤 정치인도 노인 70%에게 지급되는 기초연금을 "더 이상 못 드립니다"라고 말하기 힘들어졌다. 3115개혁이 성공해서

20~30년 가량이 지나면 노인 대부분이 국민연금으로 어느 정도의 노후소득을 보장 받을 수 있게 된다. 당연히 기초연금의 지출을 크게 줄일 수 있는 환경이 만들어지는 것이다.

연기금이 1,000조 원이나 되는 상황에서 정부재정을 당장 연기금에 투입하는 것에 부정적인 사람들이 있다. 그러나 이는 장기적으로 볼 때 아주 가성비 좋은 연금제도를 만들기 위한 투자다. 손 놓고 있으면 국민연금 보험료를 지금보다 두 배로 올려도 GDP 4~5% 정도의 추가적인 정부재정 지원이 필요하다. 기초연금 역시 GDP의 4.5% 정도 투입되어야 하니까, 합치면 GDP 10%에 가까운 규모다. 연금개혁3115를 지금 실시하면 GDP 1%로 이를 막을 수 있다. 단군 이래 가장 많은 인구가 경제활동을 하고 있는 지금이, 미래 연금재정을 안정화시킬 수 있는 마지막 기회다.

이보다 더 좋을 수는 없다

지금까지 살펴본 바와 같이 3115개혁은 국민연금의 '핵심적인 세 가지 문제'를 모두 해결할 수 있는 개혁안이다. 그러나 100년 동안의 재정추계가 정확하다고 얘기하기 힘든 만큼 3115개혁도 완벽한 개혁방안이라고 확신할 수는 없다. 다만 지금까지 연금개혁 논의에 나왔던 그 어떤 방안보다 3115개혁안은 장기적인 재정안정과 세대 간 또는 세대 내 형평성을 높이고 실질소득을 높이는 방안이다. 국민연금의 제도적 허점까지 개선할 수 있다. 그런데 이 방법이 진짜 가능할까? 보험료 인상이나 재정투입은 그렇다 치더라도 운용수익률을 1.5%p 올리는 게 가능한 것일까?

연금개혁3115 Part 3 :
기금운용 이렇게! 더 쉽고 강한 세대 간 연대

투자를 조금이라도 해본 사람이라면 국민연금의 기대수익률이 연 4.5%라는 이야기를 들었을 때 고개를 갸웃할 것이다. 상당히 낮은 목표수익률이기 때문이다. 이유는 간단하다. 앞서 자세히 설명한 것처럼 자산의 절반이 국내에 투자되어 있기 때문이다. 안타깝지만 인구구조가 악화됨에 따라 우리나라의 장기적인 경제성장 전망은 아주 어둡다. 덕분에 자본시장의 장기투자수익률도 세계 최하위권에 속한다. 국민연금 재정추계는 현재 상태가 그대로 유지된다는 가정에서 실시된다. 4.5% 기대수익률은 현재의 기금 포트폴리오를 그대로 두었을 때의 수치다. 예컨데 앞에 커브길이 뻔히 보이는데 그냥 직진한다는 가정을 하고 뽑은 수치가 연평균 기금운용수익률 4.5%다.

상당히 보수적인 투자를 했던 지난 20년간 국민연금 기금의 연평균 수익률은 5.3% 수준이었다. 2023년 기금운용위원회가 의결한 향후 5년간 연평균 목표수익률은 5.6%다. 또한 재정계산위원회의 개혁안은 장기적으로 기금운용수익률을 5.5%로 제안하고 있다. 연평균 수익률 4.5%는 과거에도 발생한 적이 없고, 미래에도 발생하기 어려운 수치다. 물론 현재의 포트폴리오를 전혀 손대지 않고 그대로 둔다면 다른 이야기겠지만, 기금운용위원회나 기금운용본부가 그냥 손 놓고 있을 리가 없지 않은가.

현재의 기금운용정책 하에서도 재정추계치인 4.5%에서 1%p를 개선하는 것, 즉 연평균 장기기금운용수익률 5.5% 정도는 쉽게 달성가능하다. 국내 위주의 자산배분을 해외로 일부 돌리는 정도면 충분하다. 3115개혁은 국민의 동의를 구해 자산군을 더욱 다변화하고 위험 수준을 지금보다 약간만 높여 거기에서 기금운용수익률을 0.5%p 정도만 추가로 끌어올리자는 것이다.

그러나 현실에선 이것도 쉽지 않다. '연못 속 고래'라는 비유처럼 작은 국내 자본시장에 너무 큰 연기금이 투자되어 있다 보니, 수익률을 높이려면 국내자산을 팔아야 하는데 그렇게 될 경우 자본시장에 큰 충격을 주고 결과적으로 실제 제값을 못 받을 가능성이 크다. 현재의 연금제도 운영상태에서는 거의 불가능에 가깝다고 할 수 있다.

3115개혁의 새로운 재정방식은 앞으로 30년가량 기금을 순증가시킨다. 자산배분을 변경시키려면 더 이상 무언가를 팔지 않고 새로 기금에 들어오는 돈으로 매력적인 자산을 구매해야 된다. 수익률을 더 올리려면 약간 더 많은 위험자산을 편입시켜야 한다. 그러나 위험자산 비율이 커진다는 의미는 손실을 보는 해가 늘어날 수 있다는 뜻이어서 자산을 매도해야 하는 시기에는 불가능하다. 6%의 기금운용수익률을 달성하기 위해서는 상당한 기간 동안 연기금을 지금보다 더 키워야 한다는 결론이다. 투자전문가라면 모두 비슷한 결론을 낼 것이다.

기금수익률, 그거 너무 불확실한 거 아냐?

5차 재정추계에 들어 기금의 역할이 강조되며 제기되는 우려의 목소리가 있다. 기금운용수익률은 확실한 게 아닌데 그것을 어떻게 믿느냐는 것이다. 기금은 불안하니까 부과식으로 전환하고 보험료와 국가재정으로만 연금급여를 지급하자는 것이 소득보장론자의 주장이기도 하다. 하지만 이는 사실에 기반하지 않은 왜곡된 생각이다.

보험, 재정, 기금 중 장기적으로 가장 추계값에 근접할 가능성이 높은 것은 기금운용수익률이다. 기금은 환경이 바뀌는 경우, 적극적인 행위를 통해 목표치로 회귀시킬 여지가 있기 때문이다. 바로 앞에 언급한 해외자산의 비중을 높여 기금운용수익률을 올린다는 것이 그 사례라고 할 수 있다.

특정국가나 특정섹터의 전망이 좋지 않으면 그곳의 돈을 빼서 다른 곳에 투자하는 것이 가능한 기금과 달리, 보험과 재정은 오롯이 우리나라의 인구구조와 경제성장에 종속되어 있다. 주어진 숙명을 받아들이는 것 말고는 딱히 할 수 있는 부분이 없다. 인구구조를 개선하기 위해 지난 10년간 나름의 노력을 했지만 백약이 무효한 상태다. 출산율 전망보다 수익률 예측이 쉽다는 얘기다.

단기적으로 봐도 딱히 기금운용수익률의 불확실성이 더 높은 것도 아니다. 〈표17〉은 국회 예산정책처에서 발간한 보고서에서 발췌한 연도별 세수오차율이다. 2023년의 경우 400조 원의 세수를 예측했는데 60조 원이 덜 걷혀 -15%의 세수오차율이 발생할 것으로 추정된다.

표17 _ 연도별 세수 오차율

단위 : %

연도	오차율	연도	오차율	연도	오차율	연도	오차율	연도	오차율
1970	-2.8	1980	4.4	1990	16.4	2000	14.1	2010	4.1
1971	-4.0	1981	-1.3	1991	5.0	2001	-0.1	2011	2.5
1972	-15.7	1982	-10.3	1992	-3.4	2002	0.3	2012	-1.4
1973	5.4	1983	4.7	1993	-7.7	2003	0.8	2013	-7.2
1974	1.4	1984	1.8	1994	-0.4	2004	-3.6	2014	-5.3
1975	2.9	1985	-1.4	1995	2.1	2005	-2.4	2015	-1.5
1976	4.9	1986	1.1	1996	-0.7	2006	1.9	2016	8.1
1977	6.1	1987	7.4	1997	-8.1	2007	8.8	2017	8.7
1978	9.1	1988	13.7	1998	-13.3	2008	1.0	2018	8.7
1979	10.0	1989	11.2	1999	5.3	2009	-6.6	2019	-0.5
								2020	-2.3
								2021	17.8

기초 통계량	세수 오차율
평균	1.9
중앙값	1.4
최댓값	17.8
최솟값	-15.7
표준 편차	7.2

국민연금 기금운용수익률의 지난 20여 년간 표준편차는 4.6%였다. 세수오차율의 표준편차 7.2%보다 적다. 단기적인 불확실성도 재정이 기금운용보다 더 크다고 할 수 있다. 심지어 세수 예측은 바로 전년도에 한 것이다. 앞으로 100년간의 재정 예측치와 기금운용수익률 예측치 중 어떤 것이 더 정확할지는 명백하다. 아직 투자기간이 많이 남았다면 특정 해에 크게 운용손실이 나더라도 그 앞뒤 몇 년간 수익률이 높았다면 문제될 것이 없다. 국민연금은 단지 몇 년 하고 끝낼 투자가 아니기 때문이다. 기금의 변동성도 그런 관점으로 바라보는 것이 옳다.

더 쉽고, 더 강한 세대 간 연대

재정추계는 예측치다. 재정추계와 관련하여 한 가지 확실한 사실은 그 어떤 수치도 정확히 맞지 않을 것이라는 점이다. 시간이 흐르면 3115개혁의 균형도 깨질 것이 확실하다. 세상에 고장 없이 영원히 작동하는 건 없다. 국민연금도 마찬가지다.

상황이 바뀌면 그에 맞춰 조금씩 고쳐 나가면 그만이다. 5년마다 한 번씩 재정추계를 다시 하는 이유는 이렇게 변화된 상황을 파악해 연금개혁안에 반영하기 위한 것이다. 전쟁 같은 큰 사건이 발생하지 않는다면 변화의 폭은 크지 않을 테고 따라서 재정안정화를 위해 뭔가를 바꾸는 것도 별로 힘들지 않을 것으로 보인다.

3115개혁안이 필요한 이유는 적어도 100년간 대한민국에 사는 모든 세대가 국민연금과 관련해 공평한 부담을 하자는 약속이 담겨 있기 때문이다. 거듭 이야기하지만 연금의 가장 큰 적은 연기금 고갈 문제가 아니다. 가입자들의 불만과 불신을 해소하는 방안을 마련하는 게 제일 중요하다. 그래서는 안 되겠지만, 다시 IMF 같은 위기가 온다 하더라도 한시적으로 기금을 빼서 쓸 수 있을 것이다. 우크라이나와 같은 불행한 일이 발생한다면 기금을 활용하여 위기에서 벗어나는 것도 생각해 볼 수 있다.

연기금이 없다면 매번 재정안정을 위해 보험료를 바꾸거나 연금급여를 바꿔야 한다. 그때마다 가입자들의 이해관계가 충돌하고 제도에 대한 불만이 쌓여 간다. 할아버지와 손자가 서로 등을 돌릴 수는 없다. 연금 때문에 국가의 구성원들이 서로 미워한다면 이런 연금제는 할 필요가 없다. 반대로 그때그때 보험료를 못 올리면 재정투입에 대한 요구는 커지게 되고 정부재정이 늪에 빠지듯 계속 더 투입되어야 할 수도 있다.

정부도 지금 돈을 쓰면 나중에 덜 쓰는 효과가 있다. 국민연금에 대한 정부재정 지원이 기금고갈 시점에 임박해서 투입할 경우, 유럽 선진국의 공적연금과 우리나라의 군인연금·공무원연금처럼 연금급여 적자를 메우기 위해 천문학적인 예산을 쏟아부어야 한다. 들어가는 돈의 규모만 엄청 커질 뿐 사각지대 해소나 저소득층의 연금급여를 인위적으로 높여주는 등의 순기능을 발휘하기도 어렵다. 결국 현재정부가 미래정부를 미리 돕는다는 개념으로 지금 돈을 쓰면 나중에 덜 쓰는 효과가 있다. 현재 우리 국민이 미래세대를 위해 연금개혁을 빨리 하자는 것과 똑같은 이야기이다.

전통적인 연금은 현세대가 앞세대를 부양하고, 현세대는 나중에 후세대로부터 부양을 받는 구조로 설계되었다고 한다. 그러나 인구구조의 급격한 변화가 이를 어렵게 만들었다. 이런 변화에 완충 장치가 되어 줄 도구가 바로 기금 적립금이다. 3115개혁은 기금의 균형을 맞추는 방식으로 세대 간 연대를 좀 더 편하게 이끌어 낼 수 있다. 전 세계에서 한국 등 거대 연금을 갖고 있는 몇 나라만 선택할 수 있는 개혁 방안이다.

소득대체율 인상, 견적 내고 합시다

국민연금개혁 얘기만 나오면 더 내고 덜 받아야 한다고만 하니 국민들에게는 '개혁=짜증나는 것'이라는 선입견이 생겼다. 소득대체율을 인상해 보장성을 강화하는 것도 국민연금의 과제다. 재정안정론과 소득보장론 둘 중 우월한 건 없다. 틀린 것도 없다. 다만 사업을 시작하는 데 견적서도 안 보고 계약을 할 수는 없다. 대대손손 이 땅에서 함께 살아갈 사람들이 국민연금과 함께 동행해야 하는데 견적도 없이 여행을 할 수는 없지 않는가.

그래서 몇 가지 견적서를 작성해 보았다. 우선 3115개혁과 동일하게 기금운용수익률을 장기적으로 연 6%까지 개선하는 것을 상정하되, 재정이 GDP의 1%인 경우, 1.5%인 경우, 그리고 더 나아가 2%까지 투입되는 세 가지 시나리오의 결과를 도출해 보았다. 여기서 제안된 모든 견적에서는 기금이 균형에 도달하여 장기적으로 일정한 수준으로 유지된다.

소득대체율 인상 시나리오의 급여총액 추계치는 공개된 바 없다. 분석을 위해 2023년 9월 1일 재정계산위원회의 공청회에서 공개된 추계데이터를 다음 가정을 바탕으로 새롭게 계산하였다. 국민연금 내부 데이터를 활용하지 못했기에 분석 결과에 어느 정도 오차의 여지가 있음을 밝힌다.

1. 개혁개시는 2025년
2. 정부재정은 2025년부터 점진적으로 늘리되, 2030년 이후부터는 매년 목표치 투입
3. 보험료 인상은 2025년부터 개시하되 연간 인상폭은 0.5%p
4. 2025년 이후에 납부한 보험료에 대해서는 인상된 소득대체율로 급여지급

〈시나리오 1〉 재정을 GDP의 1% 투입

재정투입과 기금운용수익률을 3115와 동일하게 고정시켜 두고 보험료만을 인상하여 소득대체율을 올리면 다음과 같은 견적이 나온다.

- 소득대체율 40%: 보험료 12.0% (3.0%↑)
- 소득대체율 50%: 보험료 15.0% (6.0%↑)
- 소득대체율 60%: 보험료 18.9% (9.9%↑)

〈시나리오 2〉 재정을 GDP의 1.5% 투입

재정투입을 1.5%로 늘리는 경우 견적은 다음과 같다.

- 소득대체율 40%: 보험료 10.2% (1.2%↑)
- 소득대체율 50%: 보험료 12.8% (3.8%↑)
- 소득대체율 60%: 보험료 16.0% (7.0%↑)

〈시나리오 3〉 재정을 GDP의 2% 투입

재정투입을 GDP의 2% 수준으로 올리면 어떨까. OECD 국가가 평균적으로 노후소득 보장에 투입하는 재정은 GDP의 7.7%다. 우리나라의 재정지원은 GDP의 2%를 더해도 국제표준에 비하면 한참 낮은 수준이다.

- 소득대체율 40%: 보험료 8.5% (0.5%↓)
- 소득대체율 50%: 보험료 10.9% (1.9%↑)
- 소득대체율 60%: 보험료 13.6% (4.6%↑)

이 세 가지 시나리오가 의미하는 건 명확하다. 보험, 재정, 기금 조합을 잘 활용한다면 준항구적인 재정안정을 유지하면서도 감당가능한 부담 수준으로 소득대체율 인상은 충분히 가능하다는 것이다. 물론 다른 조합도 가능하다. 예컨대 수익률 1.5%p 개선에 따른 투자위험은 너무 부담스러우니 1%p 정도만 개선하는 것도 고려할 수 있다. 그럼 모자라는 만큼 보험료를 더 올리거나 재정투입을 늘리면 된다. 투자위험을 감내할 수 있으면 돈을 덜 내는 거고, 그것이 고통스러우면 좀 더 돈을 내면 된다.

우월한 여행도, 우월한 소득대체율도 없다

국민연금은 이 땅에 살아갈 모든 세대가 같이 할 기나긴 여행이다. 저가항공으로 가성비 여행을 할 수도 있고, 비즈니스석을 타고 럭셔리한 여행을 떠날 수도 있다. 둘 중 우월한 건 없다. 고급여행에는 그만큼 돈이 더 들고, 가성비 여행을 가면 아낀 돈으로 여행을 몇 번 더 갈 수도 있다.

재정안정론자가 연금의 존재 이유를 무시하고 기금고갈만 걱정하는 게 문제라면, 소득보장론자는 이상론만 설파하고 구체적인 방법을 제시하지 못하는 듯한 맹점이 있다. 결국 3115개혁을 기반으로 한 위의 3가지 시나리오는 국민연금이란 서비스와 이용료(보험료)이다. 이 중에서 고르면 된다.

3115가 완벽한 개혁안이 아닐 수 있다는 점은 여러 번 강조했다. 다만 국민연금개혁의 가장 큰 문제는 뚜렷한 목표점이 없다는 것이다. 우리에게 다양한 수단이 있다. 그러나 수단은 목표가 정해진 뒤에야 나올 수 있는 것이다. 제발 국민이 원하는 노후는 어떤 모습인지에 대한 사회적 합의가 먼저 이루어지기를 바란다. 국민이 합의하면 그 목표를 이룰 방법은 분명히 찾을 수 있다. 그 정도로 현재 국민연금은 어떤 개혁을 시도해도 될 만큼 건강하다.

3115개혁은 왜 보험료 3%p 인상을 제안할까?

기금이 고갈되고 다음 세대의 부담이 커지는 건 내는 돈보다 받는 돈이 많기 때문이다. 만약 처음 국민연금이 생겼을 때 가입자가 낸 보험료와 연기금 운용수익을 합친 금액이 은퇴 후 연금급여와 동일하게 설계했다면 지금과 같은 논란은 일어나지 않았을 것이다. 낸 만큼만 받아가는 거니까 인구구조가 아무리 악화되더라도 국민연금의 재정은 전혀 문제될 게 없었을 테니까.

낸 것보다 더 많이 받아갈 수 있는 방법은 별로 없다. 기금 수익률이 아주 높거나, 아니면 다음 세대의 인구가 전 세대보다 훨씬 많은 것밖에 없다. 안타깝게도 저출생 인구구조는 상당 기간 이미 확정적으로 개선될 여지가 없고, 수익률 개선도 연평균 1~2%p 정도가 한계다.

3115개혁안은 연금 전문가들이 제시하는 가장 낮은 보험료 12%로 현재보다 3%p만 인상하는 방안을 제시하고 있다. 재정안정론을 주장하는 많은 전문가들은 국민연금의 내는 돈과 받는 돈이 이른바 '똔똔', 즉 손익분기(break-even)점에 도달하는 보험료가 지금의 두 배는 돼야 한다고 말한다. 이런 인식이 있기에 보험료를 15%, 또는 18%까지 올리는 것이 당연하고 그러지 않으면 후세대에게 죄를 짓는 것이라는 주장도 하기도 한다.

과연 그럴까? 한 가지 상상을 해보자. 기존의 국민연금은 그냥 덮어버리고, 오늘부터 '새 국민연금제'를 만들었다고 가정하자. 기금도 새로 만들고, 연금급여 역시 '새 국민연금'에 납입하는 보험료와 기금운용수익률로만 충당한다. 소득대체율은 기존의 국민연금과 동일하게 40년 납입 기준 40%다. 이 경우 '새 국민연금제'가 영구적으로 재정

문제 없이 운영되기 위한 손익분기 보험료율은 얼마일까?

손익분기 보험료율은 수익률이 높을수록 떨어질 테고, 기대수명이 길어질수록 올라간다. 따라서 이 계산을 위해서는 이 두 가지 수치를 미리 확인할 필요가 있다.

장기적으로 기금운용수익률은 5.5%(재정계산위가 제시한 달성 가능한 수익률) 정도로 가정하고, 현재 상태와 비슷하게 65세에 연금을 받기 시작해 기대여명이 21.6세, 따라서 연금 수급기간은 반올림해 22년(86세) 동안 받는 걸로 계산해 봤다. 이 경우, 손익분기 보험료율은 아래 표와 같이 12% 수준이다. 만약 기금운용수익률을 연평균 6% 수준으로 더 끌어올리면 10% 정도의 보험료율로도 충분하다.

표18 _ 손익분기(break-even) 보험료율

연평균 기금운용수익률	20년 가입자	30년 가입자	40년 가입자
5.5%	11.9%	11.8%	12.1%
6.0%	10.0%	9.9%	10.1%

3115개혁이 보험료 12%를 제안하는 것은 이 때문이다. 통상적인 수준의 기금운용을 통해 수익률 5.5% 정도는 어렵지 않게 달성할 수 있고, 그때의 손익분기 보험료율이 12% 수준이니 세대를 막론하고 최대한 빨리 12%까지는 보험료를 올리자는 거다.

하지만 이걸로는 미적립부채를 해결할 수 없다. 그렇다고 연금급여를 깎아 재정을 안정시키기에는 우리나라의 노후빈곤이 너무 심각하다. 모른척하고 뒷세대에게 짐을 떠넘기기에는 그 부담이 너무 크다. 3115개혁은 그 모든 부담을 가입자, 정부, 기금이 나눠서 지자는 것이다. 보험료를 최대한 빨리 손익분기 수준인 12%까지 올리고, 기금 포트폴리오를 약간 더 공격적으로 운용하여 연평균 6%의 수익률을, 이대로 두었다간 어차피 미래에 왕창 내야 할 정부재정을 조금만 더 일찍 GDP 1% 수준에서 투입하자는 것이다. 그러면 대대손손 큰 문제 없이 국민연금은 유지된다.

연금개혁을 제때 하지 못해 만들어진 부채는 가입자 탓이 아니다. 가입자는 보험료를 국가가 내란대로 다 냈고, 제때 못 내는 경우 압류까지 당했다. 또한 우리 국민은 1998년과 2007년의 연금개혁을 대단히 순종적으로 받아들였다. 프랑스처럼 세종대로에서 가스통에 불붙인 사람도 없었고, 러시아처럼 국회 앞에서 폭력시위를 하지도 않았다. 과거 연금보험료와 급여를 결정한 것은 정부고, 현제의 재정불안정을 만든 것도 정부이며, 따라서 미래의 연금재정 문제를 해결할 책임도 정부에게 있다. 이걸 마치 현재의 가입자가 말도 안 되게 낮은 보험료를 내면서 무임승차를 하는 것처럼 묘사하여 세대 간 갈라치기를 해서는 안 될 것이다.

정부가 나서서 지금 연금을 받고 있는 노인들에게 "예전에 계산이 잘못돼서 받은 연금을 돌려주셔야 할 것 같습니다."하고 말할 용기가 있다면 그렇게 하시라. 그러나 어떤 나라도 그런 식으로 연금제도를 운영하지 않는다. 과거 정부의 약속이 지켜지지 않으면 연금제 자체가 신뢰를 잃기 때문이다. 정부가 적극적으로 국가재정을 연금에 투입해야 하는 이유가 하나 더 있는 셈이다.

정부재정 투입,
안 하는 게 이상한 일

재정을 반드시 투입해야 하는 세 가지 이유가 있다.

이유 1. 개혁의 속도
: 게으름은 나랏님이, 연체료는 백성들이?

기금에 들어가는 돈이라면 보험료든 정부재정이든 실질적인 차이는 없다. 연금수급자 입장에서도 그렇다. 누가 주든 어차피 국민 호주머니에서 나온 같은 돈이니까. 하지만 개혁의 속도 입장에서는 아주 큰 차이가 있다.

GDP의 1%는 보험료 3.5%와 얼추 같은 금액이다. 3115개혁을 정부의 재정지원 없이 하려면 보험료를 6.7%p 올려야 한다. 이는 2030년까지 개혁을 완료하는 것을 가정한다. 6년 동안 보험료를 6.7%p 인상하려면 매년 1%p 이상을 인상해야 한다. 그 기간 동안 건강보험료 같은 다른 사회보험료도 늘어나니까 앞으로의 경제성장률을 감안할 때 불가능한 숫자다. 경영계의 반대도 무시할 수 없을 것이다.

문제는 균형점도 멈춰 있는 것이 아니라는 데 있다. 보험료 인상 폭을 현실적인 상한인 연간 0.5%p로 제한하게 되면 개혁완성까지 더 오랜 시간이 걸린다. 균형 달성에 필요한 보험료는 6.7%p 인상이 아닌 현재의 두 배 수준 정도로 올라간다. 2025년 개혁을 개시해도 2040년대가 되어서야 개혁이 완성된다. 15년이 넘는 시간 동안 보험료가 꾸준히 오르기에 국민들의 삶은 오랫동안 팍팍할 것이다. 무엇보다 소득대체율 인상은 꿈도 꾸지 못할 일이 된다.

3115개혁은 재정과 보험료 인상 카드를 동시에 활용하여 개혁을 단시간 내에 완성하고 균형상태의 부담을 최대한 줄이자는 의미다. 빨리 시작하면 더 적은 돈으로 기금의 균형을 맞출 수 있도록 설계한 것이다. 3115개혁안과 보건보지부 산하 재정계산위원회 개혁안의 부담 수준은 비슷하다. 하지만 재정계산위의 개혁안은 수급개시연령 연장으로 수급액을 16%가량 깎는 셈이다. 이에 반해 3115개혁안은 연금급여를 전혀 삭감하지 않는다.

재정이나 보험료나 결국 국민의 경제활동에서 나온다는 것은 동일하다. 하지만 재정투입과 보험료 인상을 동시에 활용하면 앞으로 국민연금을 위해 대대손손 부담해야 하는 금액이 상당히 줄어든다. 가입자에게만 고통을 전가하지 말고 정부도 함께 노력하면 된다. 세금을 순증하지 않고 정부지출을 아껴 예산의 씀씀이를 바꾼다면 금상첨화이다. 국민연금의 가성비를 높이려면 빠른 개혁이 중요하다는 게 결론이다.

사실 개혁을 빨리 했다면 3115가 제안하는 것보다 훨씬 낮은 수준의 부담으로 재정안정이 가능했다. 하지만 유시민 장관의 개혁 이후 17년 동안이나 아무 일도 일어나지 않았다. 그건 가입자의 잘못이 아니다. 최소한 개혁지연으로 늘어난 부담은 정부가 책임을 지는 것이 옳다.

게으름은 나랏님이 피웠는데, 연체료는 왜 백성들 몫인가.

이유 2. 수익자부담원칙
: 저소득층 지원은 원래 나랏일

국민연금을 관통하는 큰 운영원칙은 수익자부담원칙이다. 혜택을 받으려면 기여를 해야 한다. 그동안 정부가 재정지원을 꺼리면서 국민에게 했던 말인데 이 말을 그대로 돌려주고자 한다. 저소득층의 노후자금을 지원하는 일은 원래 정부가 해야 하는 일이다. 정부가 설계한 엉터리 소득재분배 기능(A값) 때문에 월급 590만 원 넘게 받는 국민연금 가입자는 자신 연금액의 1/4이라는 엄청난 돈을 저소득층에게 주었다. 이는 정부가 할 일을 연금 가입자가 대신한 셈이다. 무엇보다 잘못된 소득재분배 설계로 저소득층에게 의미 있는 도움을 주지도 못하는 실정이다.

게다가 기초연금이 생겼지만, 국민연금을 충실히 납부한 사람들은 이 기초연금을 못 받거나 깎인다. 결국 국민연금의 평균소득 이상 가입자 대부분은 이중적인 차별까지 받는다. OECD가 제안한 것처럼 최소한 소득재분배 부분만큼은 수익자부담원칙에 따라 정부가 재정을 투입하는 것이 옳다. 국민연금이 정부에게 재정투입을 요청하는 게 아니라 지금까지 재정투입이 없었던 게 이상한 일이다. 정부는 공무원연금 적자에만 한 해 5조 원을 쓰고 있다.

사실 정부가 저소득층의 노후소득 지원을 국민연금제도를 통해서 하는 것이 훨씬 예산을 아끼는 방법이기도 하다. 국민연금은 국가가 시행하는 강제 사회보험제도인데 정부가 돈을 한푼도 안 내려는 건 어불성설이다.

수익자부담원칙을 강조할수록 정부재정 투입의 당위는 강해진다.

이유 3. 세대 간 형평성
: 현재정부와 미래정부의 부담

국민연금개혁의 가장 큰 당위는 세대 간 형평성에 있다. 어떻게 계산해 봐도 이대로 가면 다음 세대가 져야 할 부담이 너무 크다. 보험료 인상을 정당화하는 논리도 동일하다. 내가 덜 내면 우리 아이들이 부담되니까 지금 우리가 좀 더 내자는 거다. 지금부터 정부가 재정투입을 하지 않으면 기금은 결국 고갈된다. 소득대체율 축소나 수급개시연령 연장을 통한 급여 삭감이 없다면 말이다. 지금 무언가를 하지 않으면 불과 30~40년 뒤의 세대부터 아주 높은 보험료와 재정지원이 필요해진다.

세대 간 형평성의 잣대가 가입자들에게만 적용되는 것은 불공평하다. 정부 역시 세대 간 형평성을 지켜야 한다. 연기금 고갈이 눈앞에 뻔히 보이는데도 현세대정부가 미래정부에게 큰 부담을 넘기는 것은 옳지 않다. 현세대정부가 GDP의 1% 재정을 투입하면 최소한 100년간, 일이 잘 풀리면 대대손손 미래정부 역시 GDP의 1%만 부담하면 된다. 하지만 현세대정부가 그 책무를 무시하면 미래세대의 정부는 국민연금에 최소 GDP의 4~5%를, 기초연금까지 포함하면 GDP의 10% 가까이 써야 한다.

현정부는 미래정부보다 인구도 많다. 인구가 줄어든 미래세대는 보험료 폭탄에 세금 폭탄까지 맞아야 하는 상황인데, 이런 문제를 모두 미래정부에 떠넘긴다면 현재정부의 모럴해저드 아닌가.

세대 간 형평성의 논리로 국민에게 추가부담을 요구하려면 현세대정부 역시 미래정부에게 책임 있는 모습을 먼저 보여야 한다.

출산율이 회복되지 않으면 어차피 망하는 거 아닌가요?

맞다. 인구가 줄어들어 국가가 소멸하는데 3115개혁이라고 버틸 재간은 없다. 그러나 부과식과 비교했을 때 3115개혁안은 인구구조 변화에 훨씬 덜 민감하다. 연금급여의 절반은 기금이 해결해 주기 때문이다. 하지만 여전히 나머지 재원은 보험료와 정부재정이다. 인구구조가 추계보다 많이 악화되면 재정안정이 깨지는 건 어쩔 수 없다.

국민연금과 관련한 인구구조만큼은 2053년 정도까지 확정된 상태다. 2023년에 태어난 아이들이 국민연금에 기여하려면 적어도 20년, 본격적인 기여는 30년은 있어야 시작되기 때문이다. 따라서 출생률이 더 떨어지더라도 추계치보다 국민연금의 재정상태가 더 악화되는 것은 최소 2043년, 실질적으로는 2053년 이후부터다. 3115개혁이 성공한다면 2050년대 중반 무렵엔 기금규모가 얼추 균형점까지 올라간다. 앞으로 20~30년간 출산율이 추가로 악화되더라도 균형점 도달까지는 큰 어려움이 없다는 의미다.

기금의 균형수준인 GDP의 120%에는 중요한 의미가 숨어 있다. 완전적립상태에 가깝게 되는 것이다. 완전적립이란 해당 시점까지 가입한 모든 사람에게 연금급여를 기금만으로 줄 수 있다는 의미다. 따라서 2050년 무렵의 세대가 인구구조 악화가 너무 심해 어떤 방식으로도 국민연금이 지속불가능하다고 결론지으면 현재의 제도를 폐지하고 새로운 제도를 설계할 수 있게 된다. 완전적립에 가까운 기금을 활용하여 그간 납부한 보험료를 연금급여로 거의 대부분 돌려받을 수 있기에 '질서 있는 제도의 폐지'가 가능해지는 것이다. 그 대신 적립식 연금으로 국민연금을 새롭게 시작할 수도 있고, 아예 사적연금으로만 노후를 준비하는 선택을 할 수도 있다. 물론 그럼에도 불구하고 현 제도를 지속하는 선택을 할 수도 있다. 그건 오롯이 그 세대의 몫이다.

만약 출산율이 추계치보다 높아진다면 그건 여러모로 좋은 일이다. 보험과 재정이 더 튼튼해지니 줄 돈보다 들어오는 돈이 많아진다. 보험료를 그대로 두고 연금급여를 올릴 수도 있고, 급여를 그대로 두고 보험료를 낮출 수도 있다. 아니면 후손의 부담을 줄여주기 위해 그대로 기금을 더 쌓는 선택을 할 수도 있다. 그 역시 미래세대의 선택이다.

현세대만이 희망을 만들 수 있다

중요한 사실은 30년 뒤의 세대에게 인구구조가 추가로 악화되었을 때 질서 있게 현제도를 폐지하고 새로운 제도를 도입할 선택지를 주는 건 지금 우리 세대의 선택에 달려 있다는 점이다. 3115개혁은 미래세대에게 변화하는 세상에 대응할 수 있는 토대를 만들어 준다. 지금 우리가 아무것도 하지 않으면 미래세대가 선택할 수 있는 건 없다. 특히 베이비 붐 세대가 모두 은퇴하기 전에 시작해야 3115개혁이 가능하다.

아이가 사라지는 건 참 슬픈 일이다. 2세를 갖고 싶다는 생명체의 본능이 애 낳으면 고생이라는 이성을 당해내지 못하는 사회를 어떻게 받아들여야 할까. 그래도 국민연금개혁에 성공하여 부모님의 봉양 부담도 줄이고 본인의 노후 걱정도 줄어들어야 조금은 젊은 세대가 희망을 갖지 않을까. 우리는 진심으로 그런 세상이 오길 바란다. 그걸 위해선 현세대가 이제는 싸움을 멈추고 한발짝이라도 바람직한 미래로 나아가는 것이 필요하다.

07

연금개혁 성패가 만들
두 가지 미래

연금이란 것은 은퇴한 노인에게 지급하는 월급이다. 많아 봐야 20~30년 직장생활을 하는 사람이 은퇴하고도 20~30년을 더 살아가야 한다. 곰곰이 생각해보면 소득의 9%를 내서 남은 인생을 살겠다는 건 거의 날도둑 심보에 가깝다.

한국을 제외한 거의 모든 OECD 국가의 국민들은 더 많은 보험료를 낸다. 그렇게 많은 보험료를 내고도 거기에 다시 국가가 1년 예산에서 약 20%를 노인부양에 쏟아붓는다. 이건 연금이 그만큼 국가와 사회에 미치는 영향이 크기 때문이다.

한국인은 연금제를 도입했지만 실제로 연금을 제대로 받아본 사람이 적어 연금의 파괴력을 피부로 느끼지 못하는 것 같다. 정부에 대한 불신이 연금에 대한 불신으로 이어진 점도 있고, 막연히 내 인생은 내가 책임져야지 국가나 사회가 보호해 주지 않을 것이란 각자도생의 정서도 좀 강한 것 같다.

그러나 나만을 위해서가 아니라 내 이웃과 사회를 위해, 이 국가에 사는 미래세대를 위해 연금에 대해 좀 더 관심을 갖고 소중하게 키워가길 희망한다. 그게 이 책을 쓰는 이유이다.

지금이 미래를 바꿀 수 있는
마지막 골든타임

지난 17년간의 국민연금 개혁실패 패턴은 이렇다. 높은 보험료 인상 필요 → 두 전문가 집단의 갈등 → 미흡한 정부개혁안 → 국회 입법 불발 → 개혁지연 → 보험료 인상폭 상향 → (반복)

개혁이 빨리 일어났다면?

3115개혁안을 만들면서 만약 3차 재정추계가 끝난 2015년부터 이런 개혁을 실시했다면 어땠을까 분석해 봤다. 보험료를 3%p 인상하고 기금운용수익률을 1%p만 개선하면 재정안정을 달성할 수 있었다[*].

---

[*] 김우창 교수의 2018년 국민연금 제4차 재정계산 기금운용발전위원회 보고서에서 발췌

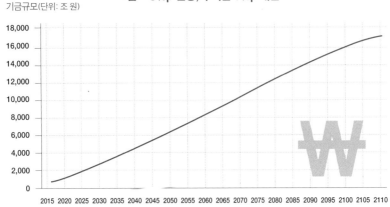

그림26 _ 2015년 개혁시 기금적립 추이
: 보험료 3%p 인상, 수익률 1%p 개선

기금규모(단위: 조 원)

5년이 지난 후, 2020년에 개혁을 실시했다면 311, 즉 보험료 3%p,
재정지원 GDP 1%, 수익률 개선 1%p로 제도의 지속성을 확보할 수

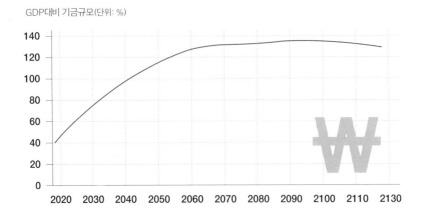

그림27 _ 2020년 개혁시 기금적립 추이
: 보험료 3%p 인상, 수익률 1%p 개선, 연간 재정수입 GDP의 1%

GDP대비 기금규모(단위: %)

있었다[*].

시간이 흘러 이젠 5차 재정추계도 끝났고, 2025년에 개혁을 개시한다면 3115가 가능하다. 그런데 이번에도 개혁이 물 건너간다면?

지금 시작 안 하면 기금고갈, 자본시장 충격 대비해야

이번 기회를 놓치면 3115개혁과 같은 재정안정을 달성할 가능성은 영영 없어진다. 만약 5년 뒤인 2030년에 개혁이 개시된다면 보험료 인상 3%p, 재정투입은 GDP의 1.5%, 기금운용수익률 연평균 1.5%p로 재정안정을 달성할 수 있기는 하다. 수치상으로만 보자면 말이다.

하지만 2030년에 개혁이 개시되면 기금운용수익률 개선은 아예 물 건너간다. 앞서 계속 언급했듯이 기금운용수익률 개선의 선결조건은 한동안 기금적립금이 줄지 않고 현금 순유입이 있어야 가능하다는 점 때문이다. 이번에 개혁에 실패하면 2030년부터는 작지만 자산을 팔아 현금을 만들어야 한다. 투자자산 현금화 시기에는 초과수익을 기대할 만한 투자(위험자산 취득)를 하는 것이 불가능해진다. 오히려 자산유동화에 대비해 채권과 같은 안전자산 비중을 높여야 할지도 모른다. 이번에 개혁에 실패하면 기금운용수익률 개선이 아니라 악화를 우려할 상황이다. 연 4.5%를 유지하는 것도 힘들 수 있다.

따라서 개혁실패의 충격은 자본시장에서부터 나타날 개연성이 대단히 높다. 국민연금은 삼성, 현대차, 하이닉스 등 거의 모든 대기업의

---

[*] 김우창 교수의 2023년 4월 26일 연금특위 공청회 발제자료 재활용

최대주주다. 최대주주가 주식을 팔아재끼는데 과연 대한민국의 자본 시장이 성할 수 있을까. 이대로 2030년을 맞이하면 노후소득 보장 문제 이전에 자본시장의 혼란과 그로 인해 발생할 부작용이 먼저 사회 문제로 나타날 수 있다.

이번 말고는 정말 답이 없다. 필자들은 이미 2020년에 국민연금개 혁이 가능한 시간이 끝나가고 있음을 수학적으로 증명한 바 있다[*]. 사실 코로나 사태로 인해 전 세계적인 유동성 증가로 자본시장이 "떡상" 하지 않았다면, 그리고 그 몹쓸 역병의 피해가 노인세대에게 집중되지 않았다면 3115와 같은 개혁을 할 기회는 이미 사라졌을 수도 있다.

역설적이지만 코로나19 여파로 우리에게 국민연금을 고쳐쓸 수 있 는 기회가 한 번 더 주어진 셈이다. 코로나로 희생된 노인들이 준 단 한 번의 기회가.

이번이 진짜 마지막 기회다

지난 17년간의 개혁실패를 되짚어보면 아쉬움투성이다. 특히 4차 재정추계가 끝난 2018년 이후 문재인 정부 5년 동안 아무것도 일어 나지 않은 것은 뼈아프다. 개혁 분위기도 무르익었고, 개혁의 주체인 정부에 대한 지지도 공고했기 때문이다. 그러나 아무 일도 일어나지 않았다. 5년이 흘렀고, 이젠 5차 재정추계도 끝났다. 누가 잘못했고 책임은 누가 져야 하는지는 잠시 미뤄두자. 누군가를 손가락질할 시

---

* 이동열, 김상연, 원종현, 김우창 (2020) "완전적립식 국민연금 재정 달성 가능성 분석", 대한산업 공학회지, 46(1), 034-041

간에 당장 시급한 우리의 미래를 설계하는 것이 더 중요하기 때문이다.

3115개혁도 다른 개혁안과 같이 부담이 늘어난다. 보험료 3%p 인상도, 재정투입 GDP의 1%도, 기금운용수익률 연 1.5%p 개선도 마냥 반가운 사람은 없을 것이다. 받는 돈이 한푼도 늘어나지 않는데 마냥 돈을 더 내고 기금도 더 큰 손실이 날 수 있으니까. 그럼에도 불구하고 지금 해야 한다. 달갑지는 않겠지만 3115개혁안이 요구하는 추가부담은 어느 정도 감당가능한 수준일 것이다.

이번 기회마저 놓쳐 3115개혁안이 제안하는 분담의 수준을 넘기게 되면, 국민연금은 세대 간 연대와 노후소득 보장을 위한 사회적 도구가 아닌 사회적 갈등의 근원이 될 수 있다. 미래는 모를 일이지만 한 가지는 확실하다. 지금 하면 된다는 것. 그리고 이번이 마지막 기회라는 것.

연금개혁 실패 : 네 이웃을 경계하라

민주국가에서 연금을 왜 사회보험으로 만들어 나에게 나의 노후를 강제적으로 준비하도록 주문하는 것일까? 국가로서 국민을 보호해야 할 헌법적 책무를 다하기 위해 만든 것일 수도 있겠지만, 연금이 나의 문제가 아니라 사회적 의미가 있기 때문이라고 생각한다.

유럽에는 왜 선진국들만 모여 있고, 넓디넓은 아프리카 대륙에는 왜 잘사는 나라가 하나도 없을까? 여러 가지 이유가 있겠지만 좋은 이웃이 옆에 살면 나에게도 좋은 일이 생기는 게 아닐까? 옆에서 보고 배우는 것도 있고, 살짝 경쟁심도 생기고, 부자 옆에선 낙수효과도 기대할 수 있을 것이다. 똑같은 학교가 있고, 똑같은 공원이 있고, 슈퍼마켓도 있지만 부자동네 땅값이 비싼 이유는 비싸도 그곳에 들어가서 살려는 사람이 많기 때문이리라.

그런 의미에서 선진국 도시의 모습은 보다 개방적이다. 주택가를 가보더라도 담이 없거나 낮고, 동네 공원과 체육시설, 커뮤니티 센터처럼 이웃과 함께 쓰는 공간들이 잘 만들어져 있다. 반면 후진국에서는 다른 모습이 펼쳐진다. 소위 부촌에 가면 주택이 높은 담장으로 둘러싸여 주변을 경계하고 있다. 아예 부자들끼리만 따로 살기도 한다. 주변의 헐벗고 가난한 사람들은 내 재산을 훔치려는 도적들처럼 보인다. 딱히 누가 잘못한 건 없는데 사회가 불안한 거다.

국민연금은 제도적으로 아직 충분히 성숙하지 못했지만, 우리는 이미 연금이 약하면 펼쳐질 세상을 경험한 셈이다. 연금에 가입하지 않은 노인들을 사회적으로 부양하지 않음으로써 엄청난 연금 사각지대가 생겼기 때문이다. 1인당 국민소득 3만 달러가 넘어가는 나라에서 가난을 견디지 못해 자살하는 사람이 속출하고, 동네 골목골목마다 폐지 줍는 노인이 창궐했다. 이후 폐지 가격이 떨어지고 각 지자체도 노인들에게 용돈을 주기 위한 여러 푼돈 일자리를 제공해 이른바 '폐지 줍는 노인'은 줄었지만, 한국사회의 빈곤노인 문제는 여전히 그대로이다.

베이비부머가 은퇴한 초고령사회의 앞날은?

불안하다. 고령사회가 시작도 안 했는데 이런 모습을 보았는데, 이제 곧 베이비 붐 세대가 모두 은퇴를 한다. 인구의 절반이 노인인 세상이 머지 않았다. 누군가 소위 '꿀빤 세대'라는 말을 할 정도로 가장 왕성하게 경제활동을 했고, 경제가 초고속 성장을 하던 시절을 지낸 베이비 붐 세대의 노후는 옛날 대한민국보다 훨씬 화려할 것이다. 평균적으로는.

행복한 꿈은 이런 것이다. 넉넉한 재산을 가진 노인은 외국에 나가서 '한 달 살기'를 한다는 둥, 부부동반 골프모임을 한다는 둥, 캠핑카를 사고 요트를 즐긴다는 둥, 분명 과거보다 훨씬 윤택한 삶을 살고 있다. '그렇지, 선진국이 된다는 건 이런 거지.'

그러나 문제는 이런 상황은 전체 노인의 10%도 안 되는 사람들에게나 일어날 일이나. 꼭 연금 문제가 아니더라도 한국사회의 부동산 보유 현황, 개인의 저축률 등을 고려할 때 이대로 베이비 붐 세대가 모두 은퇴를 한 이후의 사회 모습은 훨씬 비참할 가능성이 크다.

악몽 같은 모습은 이런 것이다.

막 은퇴한 사람들이 생각한다. '주변에 가난한 노인들이 너무 많으니 불안하다. 예전에 알았던 친구지만 뭔가 나에게 사기를 치려고 하는 게 아닐지 의심이 든다. 나는 살만큼 돈을 모아 뒀지만 돈 많은 척을 하고 싶지 않다. 날파리 떼처럼 가난한 사람이 내 돈을 탐할 것 같다.'

젊은이들은 대놓고 노인들을 비하한다.

'하는 일 없이 놀고먹는 노인들을 위해 내 소득의 20~30%를 연금보험에 내야 하니 짜증이 난다. 빠져 나가는 돈이 많으니 직장생활을

해도 삶이 팍팍하다.'

이런 젊은이들에게 노인들도 숨겨 놓은 재산을 굳이 주고 싶지 않다.

'내가 언제 죽을지 모르니 아껴서 나쁠 게 없다. 이런 분위기에선 돈을 써도 쓰는 맛이 안 난다. 역시 돈은 마음 맞고 형편이 비슷한 친구랑 몰래 해외에 나가서 쓰는 게 낫다.'

연금은 개인적으로 나의 노후를 살아가기 위한 저축이지만, 이를 토대로 사회적, 세대 간 연대를 하게 된다. 연금제가 돌아가려면 공동체가 잘 돌아가야 하고, 연금제가 잘 돌아가면 국민들 사이의 유대감은 높아진다. 따라서 연금제가 실패하면 그 반대가 될 것이다. 후진국들은 연금제를 할 여건이 안 되기도 하지만, 이웃을 헐벗은 도둑처럼 보고 높은 담을 쌓고 사는 나라에선 연금제를 시행할 필요도, 방법도 없다.

대한민국은 막강한 대기업들의 경쟁력을 바탕으로 경제적으로 선진국에 이미 진입했으나 실제 선진국으로 남게 될지 마지막 시험대가 남아 있다. 베이비부머의 은퇴로 경제활동인구는 줄고 국내 소비력도 떨어지는 상황을 과연 슬기롭게 버텨 내느냐에 따라 명실상부한 선진국이 될지 말지 결판 날 것이라 생각한다.

연금으로 폐지 줍는 노인을 없애는 것도 중요하지만, 그보다 더 큰 일은 사회적 안정이다. 연금을 통해 예측이 힘든 미래를, 예측가능한 미래로 바꾸는 노력이 필요하다. 또 모든 노인이 풍족한 노후를 맞는 것은 이미 힘들어졌다고 하더라도, 최소한의 인간다운 삶이 가능한 수준의 연금이 가능해야 대한민국 사회가 계속 순항할 수 있을 것이다.

연금개혁 성공 :
잘 되는 집안이란 이런 것

최근 들어 효도계약이라는 것이 유행이라고 한다. 효도계약서 또는 효도각서라고도 하며 앞으로 부모를 부양한다는 조건을 달고 자녀에게 재산을 증여하겠다는 것으로, 향후에 자녀가 이 조건을 이행하지 않을 경우 그 증여를 해제하는 계약 증명서다. 실제 법적 효력이 있으며, 법원은 자녀가 재산을 증여받으면서 '일정한 효도의무를 부담하고 이를 불이행하는 경우 증여 받은 재산을 반환한다'라는 내용의 각서나 계약서 등을 작성하였다면 자녀에 대한 증여는 '부담부 증여'로 판단하고 있다.

특히 한국 부모들은 자기 재산을 자녀들에게 물려주고 싶어 한다. 상속세를 줄이고, 당장 자녀들에게 도움이 될 수 있게 재산을 증여하고자 하지만 재산을 막상 받고 나면 자녀들이 자신을 뒷방 늙은이 취급하거나 섭섭하게 대하지 않을까 우려한다. 효도계약은 이러한 현실에서 생긴 사회 풍속도다.

1950~70년대 출생자들이 자식양육과 부모봉양이라는 이중부담을 진 세대였음을 생각해 본다면, 이들이 부모가 되어 아이들에게 재산을 물려주는 것에 큰 거리낌이 없을 수도 있다. 하지만 1980년대 이후 출생자들은 물려받은 것도 별로 없이 부모까지 책임진다는 것에 상당한 부담을 느낄 수밖에 없다. 이제 이런 부담을 공적연금으로 돌리는 게 필요한 세상이다.

공적연금이 안정되고 이에 대한 신뢰가 높아지면 이러한 민간부문에서의 사적 이전이나 이중부담을 다소 절감할 수 있을 뿐만 아니라, 모아놓은 재산을 모두 소진한 이후에도 사망 때까지 연금이 지급된다는 것에 대한 믿음이 강화됨으로써 사회적으로 많은 것들이 좋아질 수 있다. 어쩌면 자녀세대에게 더 좋은 일이 될 수 있다. 사실상 연금은 은퇴노인들에게 노후의 삶을 위한 생활비 지급이기도 하지만, 자녀들이 가지게 될 노인부양 부담을 국가가 일정 부분 함께 해주겠다는 약속이다.

노인들은 자녀에게 노후를 의존할 필요가 없고, 자녀들 역시 국민연금의 혜택을 받을 테니 뭔가 재산을 물려줘야 할 의무감 또한 줄어들게 된다. 대가족으로 똘똘 뭉쳐 함께 생존해 가던 과거 씨족사회로 되돌아가고 싶은 게 아니라면, 공적연금이란 제도는 가족이 꼭 함께 살지 않더라도 조부모와 부모, 아들세대가 모두 독립적이고 안정된 삶을 살아갈 수 있도록 하기 위한 사회적 약속이다. 2010년 전후 유로존 경제위기 때 일자리를 구하지 못한 많은 젊은이들이 부모 집에서 부모가 받는 공적연금을 나눠 쓰며 힘든 시기를 버티는 모습이 연출되기도 했다. 한국에서도 대략 1960년대 전후 태어난 세대 가운데 착실하게 국민연금과 기타 연금상품으로 노후를 준비해 둔 노인들은 과감하게 독립적인 삶을 살면서 남은 자산은 가족이나 사회에 베풀 수 있게 된다. 연금은 죽을 때까지 나오니까.

미래가 안정되면 모험 정신도 출산율도 높아질 것이다.

퇴직 후의 삶이 안정적이라는 보장이 있다면 젊은 세대가 좀 더 모험적인 경제활동에 나설 수도 있다. 우수한 젊은 인재들이 공무원 시험에 열을 올리는 것도 결국 삶의 불확실성을 피하기 위한 선택일 것이다. 실제 여러 벤처기업이 동양권에서보다 서양권에서 더 활발하게 발생하는 데에는 그 사회의 복지체계가 어느 정도 뒷받침하고 있다는 데에서 비롯된다는 사실을 부인할 수는 없다. 실패해도 먹고사는 데 지장이 없다는 확신을 준다면 창의적인 산업의 꺼져가는 성장동력을 되살릴 수도 있다.

기금운용도 달라진다. 연기금 고갈에 대한 걱정이 없어지면, 기금투자를 좀 더 사회적으로 가치 있는 방향으로 돌릴 여지도 생긴다. 특히 출산율을 끌어올릴 수 있는 보육사업, 은퇴한 노인을 위한 실버산업 등에 연기금이 기여를 한다면, 수익률도 올리고 국민연금에 대한 우호적인 국민여론을 높여갈 수 있는 일거양득의 효과를 볼 수도 있다.

이런 상황 이외의 간접 효과까지 상상해 본다면 더욱 멋진 우리나라를 꿈꾸게 된다. 연금제에 대한 기여와 수급문제로 제로섬 게임을 하듯 노인세대와 손자세대가 서로를 멸시하는 국가가 과연 선진국이 될 수 있을까? 노후소득의 보장이 미래세대에 대한 갈취가 아니라 미래에 대한 불확실성을 줄여 할아버지와 아버지, 자식세대가 서로 존중하는 문화가 확산된다면 한국이 명실상부한 선진국으로 대접받을 것이다. 그런 나라가 되면 기능직 노동자가 아니라 학력과 경제력이 높은 외국인들이 한국으로 이민오고 싶어하지 않을까?

이런 사회가 되면 젊은 세대는 비로소 아이를 낳고자 할 것이다. 미래를 예측할 수 있고, 최소한의 인간적인 삶이 보장되는 사회가 되면 출생률은 자연스럽게 회복되리라 믿는다. 한때 대표적인 저출산 국가였던 프랑스를 포함해 유럽국가들이 이를 증명한다. 아이가 다시 태어나기 시작하면 지금 겪는 연금문제는 상당 부분 소멸된다. 인구구조가 다시 개선되면 그때 가서 자연스럽게 부과식 연금으로 바꿀 수도 있고, 연기금을 유지하며 경제적·사회적으로 가치 있는 투자를 꾸준히 펼칠 수도 있다.

100년 앞을 내다본다고? 천리 길도 한 걸음부터

필자들이 10년 또는 그 이상 국민연금 개혁논의를 지켜보면서 공통적으로 가진 질문은 이런 것들이다. '왜 이렇게 중요한 문제를 아무도 신경 쓰지 않지?', '국민들은 왜 자신에게 유리한 제도를 불신하지?', '공적연금이 이 지경까지 왔는데 국가는 왜 아무 역할을 안 하지?'

2007년 이후 세 차례에 걸쳐 국민연금개혁을 위한 공론의 장이 펼쳐졌지만 흐지부지 끝나 버리는 모습을 보고는 더 깊이 좌절하게 되었다. 상식적으로 납득이 가지 않는 일이 17년 동안 이어지고 있기 때문이다.

국민연금과 관련 있는 모든 정부관료, 국회의원, 전문가, 언론, 시민단체 관계자들은 연금개혁이 필요하다고 주장하지만 실제로는 아무런 개혁이 일어나지 못하고 있다. 가장 큰 책임은 보건복지부와 기획재정부 등 정부에 있다. 국민연금 사업을 안정적으로 운영해야 하는 법적 책임을 지고 있는 정부가 국회를 통한 국민적 합의가 안 되고 전문가들의 의견도 엇갈린다는 핑계를 들어 제때 연금개편을 제대로 추진하지 않고 있다. 이들은 주로 공무원연금 가입자다.

국회의원들은 여야가 연금개혁에 대한 방향성이 다르고, 기업과 자영업자들의 경우 보험료를 올리는 개혁을 싫어하기 때문에 적극적으로 총대를 메려고 하지 않는다. 그런데 이들은 상당수 고액 자산가들이다.

민간전문가들 역시 앞서 지적했듯이 이미 자기들만의 학문적 성을 쌓고 소득보장론자와 재정안정론자로 나뉘어 평행선을 달린 지 오래다. 이들은 주로 사학연금 가입자다.

작게는 노인, 넓게는 모든 국민의 삶에 지대한 영향을 미치는 국민연금에 대해 정부도 국회도 전문가들도 제대로 보살피지 않는 사이 연금의 건강성이 점점 악화되고 있는 실정이다. 또 한 가지, 국민연금을 완벽하게 개혁하겠다는 의지는 매우 칭찬할 일이지만, 만족스러운 개혁이 아니라고 개혁을 하지 않는다면 그 사람이 바로 국민연금을 망치는 범인이라고 보면 될 것이다.

완벽한 연금개혁을 하자고? 이 사람이 '연금 파괴자'

국민연금제도는 할아버지와 갓난아이가 함께 이해당사자가 되는 사업이다 보니 적어도 70년 앞을 내다보고 개편을 해야 한다. 국민연금 재정추계를 5년에 한 번 하도록 하고 보건복지부 장관에게 개편안을 마련하도록 법적으로 규정했다. 장기적인 재정예측을 하기 위해서는 여러 전문가가 참여해 공을 들여야 하기 때문이다. 다른 모든 환경은 현재와 같다고 가정하고, 인구·경제성장률·기금운용수익률·거시경제 변수(금리, 물가상승률)의 70년간 수치를 전망하면, 과연 국민연금 기금은 어떻게 될 것인가를 보고자 한 것이다. 급변하는 환경변화 속에 불과 10년 앞을 내다보기 힘든데 70년 후를 전망한다고?

결론적으로 이런 재정추계는 한 번도 정확하게 맞은 적이 없다. 30여 년 만에 대한민국의 합계출산율이 0.7명으로 떨어질 것이란 것도 예측하지 못했고, IMF 경제위기도 예측하지 못했다. 비정규직 근로자가 이렇게 많이 늘어날지도 몰랐으며, 아마도 새벽 배송(특수 형태 고용)이 이렇게 확대될지도 몰랐을 것이다. 재정추계 결과와 보다 직접적으로 관련이 있는 경제전망도 완전히 빗나갔다. 예를 들어 기준금리가 사실상 0%에 가깝게 떨어지는 날이 있을지도, 이랬던 미국 기준금리가 순식간에 5%로 뛰어오를지도 모두 알 수 없었던 일들이다.

결국 가정에 가정을 더해 만든 재정추계 결과를 놓고 예측하는, 그래서 수십 년 후에 연기금이 고갈된다거나, 연금제가 부과식으로 전환하면 보험료가 30%로 오르게 된다거나 하는 수치는 모두 틀릴 예측이 분명하다.

예측이 틀릴 수밖에 없는 이유는 두 가지다. 우선은 재정추계에 반영하는 경제변수 예측이 어렵기 때문에 결국 틀린 결과를 내놓았을 가능성이 훨씬 크다. 둘째로는 만약 그 예측이 일시적으로 맞았다 하더라도 그렇다면 그에 맞게 연금개혁(개편)을 중간 언젠가에 하게 될 테니까 결과적으로 원래 예측은 바뀔 수밖에 없는 것이다.

그런데도 이런 불안한 재정추계 결과를 놓고, 70년 이상 고칠 필요 없는 완벽한 연금개혁을 만들겠다고 하는 사람이 있다면 그 사람이 바로 국민연금의 적이라고 생각하면 된다. 따라서 서로 완벽한 개혁을 하겠다며 보수와 진보가 싸우고 소득보장론자와 재정안정론자가 다투는 현재의 모습은 블랙 코미디다. 그들은 불같이 싸우다가도 그 해가 지나면 언제 그랬냐는 식으로 싸움을 멈추고 4년 동안 별 문제를 제기하지 않는다. 그러다가 법에 5년에 한 번씩 하게 돼 있는 재정추계 해가 되면 다시 같은 싸움을 반복한다.

미래를 위해 현재의 빈곤을 참아야 한다고?

미래 국민연금의 가장 큰 적은 1.0이 안 되는 저출생 문제다. 0.7의 출산율은 결국 국민연금 걱정이 아니라 나라가 망하는 걱정을 해야 할 만한 수치여서 뭐라 말하기가 어렵다. 출산율이 낮아져서 나라가 망해 가는 것인지, 아니면 나라가 망가져서(애 낳고 기르기가 힘들어) 출산율이 떨어지는 것인지는 곱씹어 생각해 볼 필요가 있다.

마찬가지로 정부도 미래의 연금재정 걱정은 이제 그만하고 '현재'의 빈곤한 노인들을 바라볼 필요가 있다. 먼 미래 연금제도의 지속가능성을 걱정하면서 현재 국민연금제도의 미비를 무시하는 것은 그 자체로 모순이다. 1,000조 원, 우리나라 1년 총생산액의 거의 절반에 해당하는 규모의 기금을 쌓아 두고, 다른 한쪽에서는 세계 최고의 노인빈곤율과 아직도 빈곤 때문에 자살을 선택하는 국민을 바라본다는 건 너무나도 잔인하다.

국민들이 본능적으로 정부를 불신하는 이유가 바로 이런 것 때문이다. 국민연금은 기금이 고갈되어도 국가가 운영하는 공적연금이기 때문에 안전하다고 아무리 말해도 국민들이 믿지 않는 이유는 노인빈곤과 자살을 방치하는 현재정부의 태도 때문이다.

유럽을 포함한 세계 대부분의 국가는 지금 한국을 부러워하고 있다. 연금체계가 성숙단계에 접어든 유럽의 선진국이 한국을 부러워하는 것 중의 하나가 탄탄하게 갖추어져 있는 기금 때문이라고 기회가 될 때마다 이야기한다. 우리나라 수준의 경제력을 갖춘 나라에서 이 정도의 기금을 별도의 운용자산으로 가지고 있다는 것은 정말 대단한 일이다.

그리고 지금 모아 둔 1,000조 원 넘는 기금은 어떤 형태로든 현재 아니면 미래에 국민연금제도의 지속성을 높이는 역할을 할 것이다. 해외 다른 국가들은 대부분 이런 연기금을 가지고 있지 못하다. 기금을 쌓아 놓고 다소 먼 미래를 준비하는 국가는 우리나라를 포함하여 캐나다, 핀란드, 스웨덴, 일본과 미국 정도다.

기금을 빨리 털어서 미래 성장력을 회복하는 데 쓰던지 아니면 기금을 유지해야 하는데, 그러기 위해서도 정부는 빠르게 정부재정을 써야 한다. 지금 쓰면 GDP의 1%로 막을 일이 10년만 지나면 10%의 정부재정으로도 힘들 수가 있기 때문이다.

먼 미래를 걱정하는 것은 먼 미래에도 노후소득 보장이라는 연금제도가 지속되기를 기대하는 마음 때문일 것이다. 먼 미래를 바라보며 미리 절망하기보다는 지금의 국민연금제도를 제대로 바라보는 노력이 필요하다. 하늘의 별을 보느라 발 앞의 돌부리에 걸려 넘어지는 천문학자가 되지는 말자.

재정추계는 5년에 한 번 하는 건강검진

재정추계는 틀릴 수 있지만 의미 없다는 뜻은 아니다. 뭔가 개혁을 하려면 미래의 상상도를 그려 놓은 후에야 토론이 가능하기 때문이다. 재정추계는 현재 국민연금의 재정건전성을 평가하고 내·외부적으로 다른 것은 변화하지 않은 채 '이대로' 계속 운영될 경우 펼쳐질 먼 미래의 모습을 그려 주고 있다. 그래서 5년마다 점검하는 건강검진과 같다고 말하기도 한다.

필자들은 제발 완벽한 개혁을 목표로 한다고 치더라도 5년에 한 번씩은 불충분한 개혁이라도 조금씩 하자고 주장한다. 아무 개혁도 안 하고 5년이 흘러가면 고령화 되고 있는 국민연금의 건강은 한층 나빠질 것이다. 감기 정도의 환자였던 국민연금이 5년 후 폐렴이 되고 또 5년 후 폐암 환자가 될 수도 있다. 건강검진을 하고 아무 치료도 하지 않고 끝내는 연금개혁은 그야말로 무용지물이다.

특히 지금은 대한민국의 가장 큰 인구 구성원인 베이비부머들이 은퇴를 하고 있어 또 5년이 시나면 국민연금은 말기암 환자가 돼 있을 것이라는 게 필자들의 주장이다. 국민연금을 위한다는 명분으로 자신들의 개혁안이 올바른 방향이라고만 주장하는 사람들, 그런데 결과적으로 아무것도 안 하는 국민연금 파괴자들 중 주범은 보건복지부와 정부재정을 틀어쥐고 있는 기획재정부이다. 종범은 국회와 전문가 집단이다.

지난 17년간 제때에 연금개혁을 하지 못한 책임은 정부에게 있다. 국민연금이라는 국가 사회복지제도를 관장하는 정부가 연금에 재정 투입을 시작해야 하며(아직 재정기여가 없었다는 사실이 더 놀랍다), 기금 운용수익률 제고를 위한 대책이 마련되어야 할 것이다.

2023년 국민연금 건강검진 결과는 보험료 인상만으로는 치료가 안 되고 정부재정이 투입돼야만 치유가 가능하다고 진단됐다. 정부는 그에 대한 책임을 져야 한다. 이것은 정부에 대한 요청이 아니고, 가입자인 국민의 소리 없는 명령이다.

"연금이 망하고
나라가 흥할 방법은 없다"

뭔가 단단히 꼬였다. 아무리 봐도 국민연금은 아무 죄가 없다. 전 국민이 걱정할 만큼, 또 동시에 싫어한 만큼 잘못되지 않았다. 연기금은 주체할 수 없을 만큼 많고, 보험료도 싸고, 정부재정의 도움도 없이 여기까지 왔다. 앞으로 조금씩만 손보면, 마치 한강의 기적처럼 전 세계에서 가장 효능감이 좋은 공적연금이 될 수 있다.

그런데 언제부터인가 국민연금이 망할 거라는 헛소문이 돌기 시작했다. 망하기 전에 개혁해야 한다고 난리를 피웠지만 17년째 아무런 개혁을 하지 않았다. 그러니까 점점 더 불안하다. 이제 포기해야 하나? 헛소문이 공포를 만들었다.

국민연금이 망할 수 있다고 하니 자영업자나 비정규직 노동자들은 연금가입을 피하거나 최저수준의 보험료만 내려고 한다. 청년세대는 앞세대가 적게 내고 많이 받아가서 국민연금이 망했다고 오해하고,

자신들은 못 받을 연금제도 그냥 없었으면 좋겠다는 생각을 한다. 국가라는 공동체 속에서 세대 간 연대를 하자고 만든 사회보험제도가 오히려 세대 간 갈등으로 비화했다. 헛소문이 공포를 만들고 공포가 분열을 만들었다.

세계에서 한국인만큼 부모를 공경하고 자식을 사랑하는 민족은 드물다. 게다가 우리는 정말 열심히 일했다. 한국전쟁 이후 세계에서 가장 못사는 나라가 중진국이 됐고, 이제 선진국에 올랐다. '빨리빨리'라는 문화 속에 새벽부터 밤늦게까지 일한 국민들이 일군 성과다. 이렇게 열심히 일한 우리가 왜 노후도 불안에 떨며 살아야 하는가. 국가는 왜 존재하는가.

아등바등 산 덕에 현재 1,000조 원이란 연기금이 생겼다. 국민연금 기금을 가지고 국가가 돈이 필요해 채권을 발행하면 낮은 이자를 받고 채권을 사줬고, 코리안 디스카운트로 경제성장에 비해 주가지수도 낮고 배당도 적은 한국 주식을 꾸준히 매입해 줬고, 그 결과 삼성과 현대, SK 등 대기업의 지분율도 높아 이들의 취약한 경영권을 보호해 주고 있는 셈이다.

따라서 아무리 봐도 국민연금은 잘못한 게 없다. 모든 잘못은 제도를 제대로 운영하지 못한 정부의 잘못이다. 정부는 이제 그 책임을 져야 할 것이다. 정부는 수단과 방법을 가리지 말고 헌법에 적힌 국가의 책무를 다하라. 자신들은 은퇴 이후 매달 200~300만 원씩 공무원연금을 받으면서, 국민은 60만 원을 갖고 살란 말인가. 그것도 국민 서로가 비난하며 노후를 맞아야 한다면 뭔가 크게 잘못된 거 아닌가.

국민도 잘못한 게 없다. 개미처럼 열심히 일해서 국가를 명실상부한 선진국 반열에 올려놨다. 연금개혁을 제때 못한 책임은 정부에게 있다. "기금이 고갈되어도 내 연금 받을 수 있어?" 답은 당연히 "그렇다"이다. 국민이 믿으면 없던 길도 만들 수 있다. 국민은 이제 정부에게 요구하자. 정부가 제도 도입 때 '국민연금은 국가의 약속'이라고 했던 그 약속을 지키라고. 국민의 명령이 곧 법인 세상이다. 그러니 국민연금의 미래에 대해 절대 '쫄지 말자 우리!'

국민연금의 노후소득은 현재 노인을 위한 소득만이 아니다. 노인이 되면 받게 될 소득이다. 따라서 이는 노인복지의 문제가 아니라 전 국민, 전 세대의 문제이다. 국민연금이 무너지면 당장은 노인빈곤율이 높아지겠지만, 결국은 전 국민이 가난해지는 것이며, 다시 후진국으로 돌아가는 것이다. 국민연금이 망하고 나라가 흥할 방법은 없다.

국민연금의 위기는 그래서 국가의 위기다. 출산율이 낮아서 미래가 불안해진 게 아니라 미래가 불안해서 이를 낳지 않으려는 것이다. 경제성장기가 아닌 정체기, 고령화시대일수록 연금을 안정시켜 미래의 불확실성을 줄여줘야 한다. 그래야 국민들이 안심하고 다시 국가를 위해 뛸 수 있지 않을까? 국가재정이 이런 데 쓰이지 않는다면 세금을 낼 필요도 없다.

국민을 위한 국민연금은 없다

1판 1쇄 인쇄 2024년 1월 29일
1판 1쇄 발행 2024년 2월 7일

지은이 유원중, 원종현, 김우창

발행인 김기중
주간 신선영
편집 백수연, 민성원
마케팅 김신정, 김보미
경영지원 홍운선

펴낸곳 도서출판 더숲
주소 서울시 마포구 동교로 43-1 (04018)
전화 02-3141-8301
팩스 02-3141-8303
이메일 info@theforestbook.co.kr
페이스북 · 인스타그램 @theforestbook
출판신고 2009년 3월 30일 제2009-000062호

ⓒ 유원중 · 원종현 · 김우창, 2024

ISBN 979-11-92444-79-6 (03330)

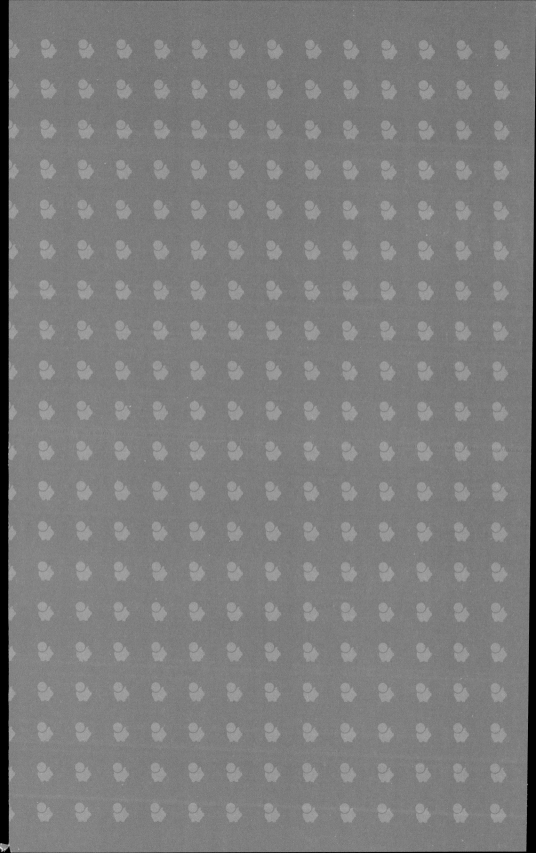

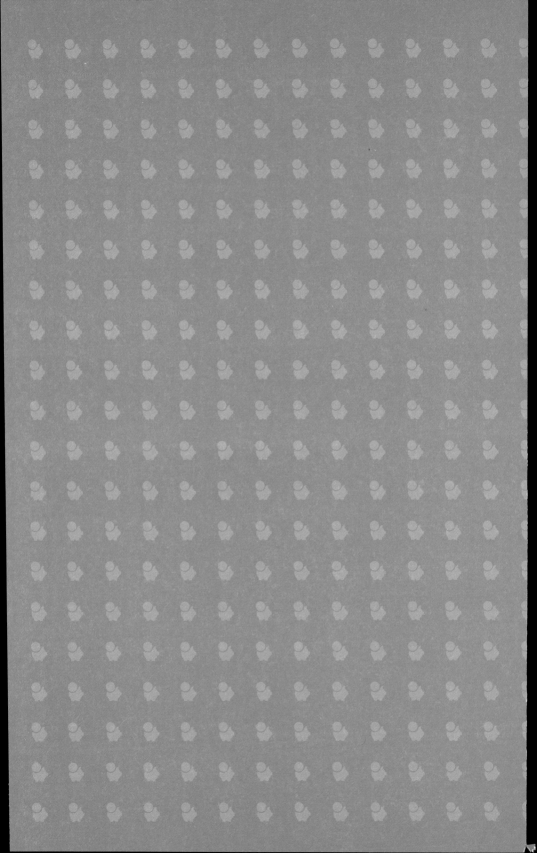